日本
社会与文化

RIBEN SHEHUI YU WENHUA

主　编　金　华
副主编　金玉花　陆艺娜

华南理工大学出版社
SOUTH CHINA UNIVERSITY OF TECHNOLOGY PRESS
·广州·

图书在版编目（CIP）数据

日本社会与文化/金华主编．—广州：华南理工大学出版社，2022.1（2025.7重印）

　　ISBN 978-7-5623-6970-7

Ⅰ．①日…　Ⅱ．①金…　Ⅲ．①日语-高等学校-教材　②日本-概况　Ⅳ．①H369.4：K

中国版本图书馆CIP数据核字（2022）第004528号

日本社会与文化

主　编　金　华
副主编　金玉花　陆艺娜

出 版 人：房俊东
出版发行：华南理工大学出版社
　　　　　（广州五山华南理工大学17号楼，邮编510640）
　　　　　http://hg.cb.scut.edu.cn　E-mail: scutc13@scut.edu.cn
　　　　　营销部电话：020-87113487　87111048（传真）

策划编辑：吴翠微
责任编辑：陈　蓉
责任校对：陆颖珊
印 刷 者：广州小明数码印刷有限公司
开　　本：787mm×1092mm　1/16　印张：7.75　字数：139千
版　　次：2022年1月第1版
印　　次：2025年7月第3次印刷
定　　价：36.00元

版权所有　盗版必究　印装差错　负责调换

  本书为华南理工大学"十三五"规划本科教材之一，主要为"日本社会与文化"专业课程和全校通识教育课程编写。本教材共8讲，对应大学本科生课程每学期15或16周32学时的教学安排。教材全方位呈现当今日本社会和文化的特点，包括日本的地理与环境、政治与历史、社会与经济，以及日本的传统文化、饮食文化、传统节日、文学和语言。

  本书对"日本社会与文化"课程的编排结构进行了优化，突出日本文化特色，以培养学生的兴趣和思考能力为目标。每讲按大学课程的教学特点和内容来编排，有利于知识的整合与连贯，能较大程度提高大学生的思考能力、概括能力和思辨能力。内容均是以编者在长期的教学过程中积累的资料为基础，通过真实的数据，以图片、图表与文字相结合的方式，激发学习者学习、探讨的兴趣。

  本书选材广泛，内容丰富，深入浅出地介绍了日本社会与文化的历史与现状，有助学习者剖析现代日本社会、了解日本人，并宏观把握中日两国的社会与文化的异同点，同时提高对本国社会文化的思考能力，树立自我思辨能力。

  本书由金华任主编，金玉花、陆艺娜任副主编。编者均为日语语言文学博士，留学日本多年，回国后长期从事日语教育和中日两国语言文化比较研究，并承担多项有关日本社会语言文化的教育部、省级社科项目的主持工作。编者将自己的专业知识运用到本书的编写中，力图帮助学习者养成思辨方式，提高跨文化研究的思考能力，培养具有家国情怀、全球视野的国际化人才。

  本书适用于大学日语低年级专业课程、全校"日本社会与文化"通识教育课程以及本科生、研究生第二外语课堂教学。同时，可作为"日语基础"课程的课堂教学中涉及日本社会与文化知识的重要参考资料，也可供日语爱好者及对现代日本社会与文化感兴趣的读者阅读与参考。

本书的出版获得了2018年度华南理工大学"十三五"本科教材建设规划项目和华南理工大学出版基金项目的资助，特此感谢。同时，衷心感谢北京大学金勋教授和华南师范大学李雁南教授及华南理工大学出版社吴翠微、陈蓉编辑为本书出版提供的支持与帮助。另外，还要特别感谢参与本书整理工作的华东理工大学博士生张哲瑄（本科毕业于华南理工大学）。

希望此书能够为更多的学习者提供了解日本社会与文化的相关资料，从而正确、准确地理解日本，并为中日跨文化交际的顺利进行和中国文化走出去尽微薄之力。

金　华
2021年3月于华南理工大学

第一讲	日本地理与环境	1
第一节	概　况	1
第二节	行政区划与特点	2
第三节	自然环境	3

第二讲	日本政治与历史	5
第一节	日本政治	5
第二节	日本历史	11

第三讲	日本社会与经济	18
第一节	日本住房	18
第二节	日本家庭	19
第三节	日本教育	20
第四节	日本职业	26
第五节	日本医疗	28
第六节	日本媒体	32
第七节	日本经济	34

第四讲	日本传统文化	39
第一节	传统服装	39
第二节	传统住宅	44
第三节	花　道	45
第四节	茶　道	47
第五节	歌舞伎和艺伎	48

第六节 相　扑 …………………………………………… 49

第五讲　日本饮食文化 …………………………………… 51

第一节 概　述 …………………………………………… 51
第二节 日本代表性食物 ………………………………… 51
第三节 日本料理 ………………………………………… 54
第四节 便当文化 ………………………………………… 59

第六讲　日本传统节日 …………………………………… 62

第一节 日本新年 ………………………………………… 62
第二节 成人节 …………………………………………… 70
第三节 盂兰盆节 ………………………………………… 72

第七讲　日本文学 ………………………………………… 75

第一节 概　述 …………………………………………… 75
第二节 中古文学 ………………………………………… 80
第三节 近代文学 ………………………………………… 83
第四节 现代文学 ………………………………………… 89
第五节 诗歌、俳句、短歌 ……………………………… 92

第八讲　日本语言 ………………………………………… 99

第一节 日本文字的来源与特点 ………………………… 99
第二节 日语语音 ………………………………………… 102
第三节 日语词汇的分类与构成 ………………………… 104
第四节 日语语法 ………………………………………… 109
第五节 日语敬语 ………………………………………… 112

参考文献 …………………………………………………… 116

附　录 ……………………………………………………… 118

第一讲　日本地理与环境

第一节　概　况

日本位于欧亚大陆以东、太平洋西部、亚洲大陆东侧，由数千个岛屿组成，众列岛呈弧形。其国土被海完全包围，未与任何国家的陆地相连。日本隔海北邻俄罗斯，西与朝鲜半岛、中国隔海相邻。这样独特的地理位置有利于吸收中国以及亚洲大陆的文化。日本自建国以来很好地保存了固有文化，同时不断汲取西方文化，逐渐形成了既融合东西方文化，又保存日本民族传统文化的特色。

日本的陆地面积约为37.8万平方千米，水域面积为3000平方千米，领海面积为31万平方千米，在世界上排第62位。日本国土约75%属山地丘陵地带，填海造陆面积多达1600平方千米，是世界上填海造陆较多的国家。

日本主要的岛屿有本州、北海道、四国、九州等，其中本州是国土中面积最大的岛屿，约为23万平方千米。拥有在政治、经济、文化等领域起主导作用的四大一线城市东京、横滨、名古屋、大阪。另外，还拥有横滨、神户等具有代表性的港口和日本最高的山——富士山、最大的湖泊——琵琶湖等。北海道以农业和乳畜业发展为主。四国的工业、渔业以及蔬菜的人工栽培业发达。九州有世界最大的火山口，温泉资源非常丰富。冲绳珊瑚礁生长茂盛，为日本屈指可数的旅游观光胜地。

日本人口约为1.26亿人［令和2年（2020年）2月确定值］，在世界上排第10位。其中70%的人口分布在关东南部至北九州之间的地区，比西方发达国家比利时和荷兰等国的人口密度低，但就可居住面积来看，其实日本的人口密度居高。

日本（にほん／にっぽん），通用语言为日本语（日本語），首都是东京，年号是令和（令和／れいわ），天皇是德仁（126代），通用货币是日元（円），国旗是日章旗，国歌是《君之代（君が代）》，所用的日历是太阳历，与中国有1小时的时差。

第二节　行政区划与特点

一般将日本分为东北、关东、中部、近畿、中国、北海道、四国、九州冲绳等八个地方，日本的行政区域划分是都、道、府、县，有1都、1道、2府、43县。具体分布如下：

● 北海道地方：北海道
● 东北地方：青森县、岩手县、宫城县、秋田县、山形县、福岛县
● 关东地方：茨城县、枥木县、群马县、埼玉县、千叶县、东京都、神奈川县
● 北陆地方：新潟县、富山县、石川县、福井县
● 中部地方：山梨县、长野县、岐阜县、静冈县、爱知县
● 近畿地方：三重县、滋贺县、京都府、大阪府、兵库县、奈良县、和歌山县
● 中国地方：鸟取县、岛根县、冈山县、广岛县、山口县
● 四国地方：德岛县、香川县、爱媛县、高知县
● 九州冲绳地方：福冈县、佐贺县、长崎县、熊本县、大分县、宫崎县、鹿儿岛县、冲绳县

"1都"指东京都，东京都是日本的政治、经济和文化中心，也是世界四大城市之一。"1道"是指北海道。"2府"是指京都府和大阪府，大阪府是日本的第二大城市，人口密度大，经济、文化等非常发达。日本的县，相当于中国的省（当然面积要小很多）。其中，北海道没有县，有区和市。除了北海道，都、府、县以下分成2个系统。一个是城市系统，有市－町（街）－丁目（段）－番地（号）；另一个是农村系统，有郡（地区）－町（镇）－村。

日本的自治体还细分为市、町、村和东京的23个特别区。

日本的地方自治称"三成自治"，是因为全年收入的地方税比例约为30%。日本国家与地方两者关系为"主从、上下"到"对等、合作"的关系。2000年实施地方分权统一法，国家与地方自治体之间转成"对等、合作"的关系。根据地方分权统一法，国家机关委任事务的约55%编入到由自治体负责的"自治事务"中，剩余的45%为国家委托给自治体的"法定委托事务"。

第三节 自然环境

　　自然环境与民族性及民族文化的形态有着非常密切的关系并互相影响。作为岛国的日本，深受其独特自然条件的影响。

　　具有南北纵深特点的岛国日本，四季分明，处在寒、暖流交汇的优越的地理位置。日本虽平原面积狭小，耕地十分有限，地震频繁，人口密度高，但是森林覆盖面积大，终年温和湿润，河流数量多，水资源充裕，温泉数量种类多，森林和渔业资源、动植物种类丰富。环境孕育了民族文化、饮食文化、温泉文化等日本独特文化。

1. 山地

　　日本国土的四分之三为森林覆盖的山地，火山众多，有代表性的就有150多座，被称为"坐在火山上的国家"。本州中部有飞弹山脉、木曾山脉、赤石山脉。日本阿尔卑斯被称为"日本の屋根"。日本全国最高峰则是位于太平洋沿岸山梨县及静冈县交界的富士山。根据日本国土交通省国土地理院山岳标高资料，富士山的海拔高度达3776米，是一座活火山，自1708年之后就没有再大规模喷发过，已被认定为世界遗产。

2. 平原

　　日本国土的四分之一属于平原。日本最大的平原是关东平原，面积约1.6万平方千米，横跨利根川流域和关东的1都6县。

3. 湖/河川

　　日本的河川具有水量大，流域面积小而水流湍急的三大特点。信浓川是最长的河，利根川是流域面积最大的河，琵琶湖是最大的湖。

4. 气候

　　日本四周环海，国土南北狭长，地形复杂，气候种类多样。日本的气候可分为太平洋岸式和日本海岸式两大形式。北海道和本州的一部分山地属于亚寒带；本州的大部分、九州、四国、西南诸岛北部属于温带；火山列岛、八重山列岛、冲大东岛等属于热带。日本的南北纬度相差20°以上，因此南北温差较大。日本气候的主要特点是多雨多湿。

5. 自然灾害

日本因地理位置、地形、地质、气候等诸多条件的原因经常受到地震、海啸、火山爆发、台风、暴雨等灾害的侵袭，是世界上少见的灾害大国。位于世界四大板块上的日本，因板块移动频繁，容易发生地震、海啸或火山活动，常造成建筑物的损毁、火灾、土石崩塌、地裂等灾害。另外，日本处于季风气候区，虽然季风盛行所带来的丰沛雨水能够蓬勃发展农业，但日本时常因过度降水，加上狭小的地形等而面临河川泛滥、土石流、山体滑坡等暴雨灾害。

在这种自然条件下，日本已形成了一套健全的灾害应对体系。1961年颁布的《灾害对策基本法》也进行了多次修订。

思考题

1. 日本的地理位置有什么特点？
2. 日本有多少个省份？有哪些分布特点？
3. 日本的气候有哪些特点？
4. 日本人的自然保护做得如何？

第二讲　日本政治与历史

第一节　日本政治

一、天皇制

日本统治结构与"天皇"是紧密相连的。自从日本这个国家诞生以来，天皇就一直位居国家"象征"的地位而延续至今。在古代，可以说没有一位天皇直接或具体统治过国家，一般都是以贵族或武家为中心的幕府掌控政治。到了近代施行"明治宪法"后，虽然天皇成为宪法上的统治者，但实际上政治的责任还是由"议员内阁制"的政府承担。

日本在第二次世界大战中战败之后，修改了宪法。1947年5月3日《日本国宪法》开始施行，这时主权者天皇变成了"国民"。但是宪法也有互相矛盾之处：宪法第1条明文规定天皇是"日本国的象征，是日本国民整体的象征"。在第6条明文记载天皇得以行使内阁总理大臣、最高法院院长的法官的任命权。另在第7条赋予了天皇以下10项行使国事行为的权力：①公布宪法修正案、法律、政令及条约；②召集国会；③解散众议院；④公告选举；⑤国务大臣等的任免与认证；⑥实施大赦；⑦授予荣典；⑧批准书、外交文书的认证；⑨外国大使、公使的接受；⑩举行仪式。但宪法同时规定天皇的每一项权力都必须得到内阁的建议和认可方可施行，所以实际上天皇没有任何权力。换言之，日本统治结构的一大特色是"权威属于天皇"与"权力在于政府"的传统的"天皇制"。

根据日本历史书籍《古事记》《日本书纪》的记载推算，现任天皇是"万世一系"的第126代天皇。从日本国家成立以来一直统治着日本的天皇家族即皇室，名义上是政治上的掌权者，其实是作为日本的国家象征而存在。天皇其本质起源于宗教，对国民来说是神一般的存在，所以得以延续下来。日本具有成千上万的神，其中位居中心的就是天皇家族的祖先"天照大神"，因此天皇在日本是如同"神"的存在。天皇家族自古以来担任祭祀众神的祭司，是代表奈良正仓院文化遗产的继承者。而且歌会、雅乐、祭祀等日本古代的传统艺术、文化也由天皇家族所继承。

现代日本天皇既不具有传统君主的性质，也不具备国家元首的性质，天皇的地位发生了根本性的变化。其主要职责是任命内阁总理大臣（首相），批准法律、政令及条约，召集国会，批准国务大臣的任免，出席礼仪性的外事活动和国家典礼等。2017年6月16日，日本政府颁布实现天皇退位的特例法。特例法规定自颁布日起3年内通过政令指定作为退位日的实施日，2019年4月30日明仁天皇退位，5月1日0点皇太子德仁即位，成为首位生于战后的天皇。持续30余年的"平成"时代结束。

二、日本国宪法的特色

日本政府1947年5月3日实施了《宪法修正纲要》，正式名称为《日本国宪法》。新宪法明确除了主权由天皇转移到国民之外，强调了尊重基本人权，并明文记载"放弃战争"（第2章第9条）。日本国会为最高权力机关和唯一立法机关，由众议院、参议院组成。众议院定员为465名，任期4年。参议院定员为245名，任期6年，每3年改选半数，不得中途解散。日本国会的会期有"常会（通常国会）""临时会（临时国会）""特别会（特别国会）"和只有参议院参与的"紧急集会"。内阁为最高行政机关，对国会负责，由首相和分管各省厅的大臣组成。首相由国会选举产生，天皇任命，其他内阁成员由首相任免，天皇认证。政府是议会内阁制的代议民主制，国家主权属于国民，天皇作为国家象征被保留。2014年6月30日，安倍内阁为修改宪法，声称计划于2014年7月1日与日本执政的自民党和公明党就召开内阁会议修改对现行宪法的解释以行使集体自卫权问题达成一致意见，同一天正式决定修改对宪法的解释，解禁行使集体自卫权。

国民除了以投票方式选出国会议员、最高法院法官等形式参政以外，还可以参与选举、罢免地方自治体的首长、议会议员，以及参与宪法修正案时的投票等形式参与政治活动。

三、政治的演变

日本战败后，日本社会党因缺乏掌握政权的能力而垮台，取而代之是由吉田茂所率领的保守派领导的自由民主党之前身——自由党执政。外交官出身的吉田茂以巧妙的政治手腕，确立了他的政治领导地位。1951年，日本虽然缔结了和平条约，但苏联诸国并没有参加签署，使左派势力与保守势力的对立越演越烈。这时社会党之间的矛盾激化，分裂成左右两派，但不久又统一。受到社会党统一和东西方冷战的影响，保守派各政党加强联合，建立了自由民主党。1960年针对日美安保条约的修订，执政党（自民党）与在野党之间的对立日趋激烈，但所幸自民党促成该条约的签署，同时内阁池田勇人提出"国民所得①倍增计划"，又巧妙地躲过了石油危机，奠定了其长达38年的执政地位。后来因贪污、征收消费税、农产品的自由贸易等事件引起国民的不满，自民党于1989年最终在参议院选举中落选。1993年，由自民党独大的体制终于画上了休止符，日本进入了联合政权时代。1996年再度恢复了自民党一党内阁。到2000年以后，长期执政的是小泉纯一郎政权。小泉政权的改革成果使他执政期间的执政党一直保持过半的人数，加上执政党干部对首相的效忠，使得小泉政权得以长期执政。2006年以后日本又开始了"短命政权"的持续，给日本带来了严重的政治空白。2013年安倍晋三执政以来，是日本宪法沿革史上执政时间最长的"长命政权"。从安倍内阁和小泉内阁的执政支持率来看，受众比较广的是小泉政权，受特定的、顽固的派系支持的是安倍政权。

四、国会

日本国会（にほんこっかい）是日本最高权力机关和唯一立法机关，依《日本国宪法》而设置，由众议院和参议院构成。

国会议员可兼任内阁阁员，内阁总理大臣（首相）亦由国会推选。今日本国会的主要政党为自由民主党（自民党）、公明党、立宪民主党、国民民主党、日本共产党等，而第一大党为自民党。在选举制度上，众议院比参议院更能反映民意。内阁不信任案的通过（或内阁信任案的否决），将与内阁总理辞职与众议院解散一并进行。若众议院通过，但参议院提出异议的法案，经三分之二以上的众议院议员出席再度通过，则自动立为法律。

五、总理大臣与内阁

日本采取议院内阁制。日本宪法规定"总理大臣及其他国务大臣必须是文职人员"。总理大臣必须"由国会议员中选出并经国会决议指派"。国务大

---

① 日语中的"国民所得"并非指国民收入，而是指国民生产总值。

臣的职位有总务大臣、法务大臣、外务大臣、财务大臣、文部科学大臣、厚生劳动大臣、农林水产大臣、经济产业大臣、国土交通大臣、环境大臣、内阁官房长官、防卫厅长官等。2001年1月，日本政府将1府21省厅改编成1府12省厅，同时废除政务次官，新设了副大臣和大臣政务官。

日本传统的官僚组织根深蒂固，政党的政策立案能力又要依赖官僚，因此尽管声称是政党政治，但实际上到目前为止政治一直是由非政治家主导的。

日本政府每周二、五召开内阁会议，议题则分别在前一天的事务次官会议中决定。日本政府为了打出"政治主导"的政策，正在强化内阁机能，特别是首相官邸的机能。

1. 选举制度

日本选举分为国政与地方选举。国政选举有众议院选举与参议院选举，地方选举有都、道、府、县、市、町、村、区等地方首长的选举与其地方自治体的议会选举等。众议院选举采取"小选区比例代表并立制"，465名法定名额中，由选区选出285名，其余180名则由全国11区依比例选出。在选民及候选人资格方面，年满18周岁的日本国民，在市、町、村的区域内连续居住三个月以上的，都有选举权，可登记为选民。但被判处监禁以上刑罚或违反有关选举、投票及国民审查法律者等不在此列。年满25周岁的国民均有被选为国会众议员的资格，年满30周岁的国民均有被选为国会参议员的资格。

2. 议员任期

参议院议员任期为6年，众议院议员任期为4年。除了地方议会的罢免之外，其余均是任期满了才改选。另外，虽然宪法规定众议院议员4年期满自然解散，但通常都是两年半就解散改选。

众、参议院的议员，除一部分外，均隶属政党，有些地方议员则有不公开所属政党的倾向。地方议员大多数隶属自民党系的保守派，很少议员隶属在野党。

3. 国会议员

国会议员在国会开会期间享有不被逮捕的权力；在议院内进行演讲、讨论、表决等不得在院外追究其责任；享受"岁费"（年度工资与补贴）等。国会议员的年度工资不低于高级国家公务员的年收入，此外还享有交通、通信等特别津贴。不担任官职的国会议员平均年收入约为2300万日元（2021年的汇率约合136万人民币）。

国家负担国会议员雇用三名秘书（其中一名为政策秘书）的费用，如需更多助手，将由议员或所属党派承担，国家还向议员提供廉租宿舍。国会议员还可免费乘坐铁路交通工具等。

根据国会议员资产公开法，当选国会议员后100天之内应向所属议院议长提交包括土地、房屋、存款、有价证券等在内的所有财产报告。除被任命为内阁阁僚以外，议员任期内不得兼任地方及公共团体公务员。

4. 官僚制度

日本的官僚主要指中央省厅的高级公务员和通过国家公务员1类考试或外交官考试的行政技术专家。

日本的官僚制度，是1000多年前大和朝廷从中国引进的律令制度。官僚制度在没有战乱的江户时代越发成熟，到明治时代迅猛发展。这个时期的日本政府积极吸收欧美的思想、技术，努力培养官僚，东京大学成为培养日本中央厅高级官僚的基地。

六、日本的主要政党

现今，日本的主要政党为自由民主党、立宪民主党、公明党、国民民主党、日本共产党、日本维新会等。

1. 自由民主党

自由民主党（简称"自民党"），为日本现时执政党，是日本第一大党。名字中的"自由"指的是私营经济及政治意义上的保守自由主义。

1955年11月，自由民主党由原自由党和民主党合并而成，此后连续单独执政长达38年。1993年下野，其后数度与别党组成联合政权。2000年4月起与公明党、保守党联合执政。2003年11月，自民党吸收原执政三党之一的保守新党，形成与公明党两党联合执政的局面。2009年8月，自民党在众议院选举中遭到惨败，再度成为在野党。2012年12月在众议院选举中获胜，重新执政。

日本自民党主张立足民主政治理念，维护自由经济体制，修改宪法，坚持日美安保体制，增强自主防卫力量。对外政策方面强调以日美同盟为基轴，积极拓展外交布局。2016年11月1日，日本自民党召开总务会，批准将党章中规定的"最多2届6年"的总裁任期延长为"最多3届9年"。

日本自民党的正式党徽类似于日本皇室的菊花纹章，菊花十四瓣，一般称为"阴十四菊"，但自民党所采用的通用标志为"太阳下有两个孩子"的徽章。

2012年9月26日—2020年9月14日，安倍晋三当选3届总裁。

2020年9月14日，日本官房长官菅义伟以绝对优势当选总裁。

2021年9月28日至今，岸田文雄当选总裁。

2. 立宪民主党

立宪民主党是2020年9月10日由原立宪民主党、国民民主党合并的新党，为日本最大在野党。该党拥有150名众参两院议员，由原立宪民主党党首枝野幸男出任首任党首。新立宪民主党拥有107名众议员、43名参议员。第一大在野党的众议员人数超过百人为近8年来首次，上一次是2012年12月重新成为执政党之前的自民党。立宪民主党的纲领中写入"重视立宪主义和反复讨论，守护人类生命与生活"等基本理念以及"早日实现零核电社会"（原発ゼロ）的目标。

3. 公明党

公明党又名廉政党。1964年成立，其母体为宗教团体创价学会，旨在建立一个没有贫富悬殊的不结盟日本。其实力在国会激增，迅速成为日本第三大党。党员数量约有40万。公明党自1999年起与自由民主党组成联合政府共同执政，2009年大选后下台依然和自民党保持密切合作关系，2012年大选后在众议院有31名议员，参议院有20名议员，再度与自民党共组联合政府。公明党提倡在和平主义基础上构筑"世界中的日本"，主张坚持"中道路线"，贯彻深入民间的民主主义，尊重地方自主性，推行地方分权。公明党的基本政策是：①成立"尽可能小而效率高的政府"；②建立能够实行"自助、共助、公助"的协调的社会保障制度；③不为特定的集团谋利益，实行透明而公平、公正的政治行政体系。

4. 国民民主党

2020年9月10日，日本两大在野党立宪民主党和国民民主党正式合并，新党名为立宪民主党。2020年9月15日，拒绝加入新立宪民主党的原国民民主党党首玉木雄一郎等10余名国会议员另立新的国民民主党。

5. 日本共产党

日本共产党成立于1922年7月15日，是日本现时国会中最古老的政党，也是日本最大的左翼政党。1923年，日本共产党被有关单位检举，于1924年解散；1926年再次成立；1928年再度被取缔，不少重要领导人被逮捕，于1935年再度解体；直到1945年日本战败投降，日本共产党才获合法地位。20世纪70年代中期步入发展的高峰期，20世纪90年代后再次调整政策主张，注重灵活务实。党章规定党的性质为"工人阶级政党"和"全体日本国民的政党"。主张建设社会主义社会乃至共产主义社会；废除日美安保条约，将日本建成独立、民主、和平的自由国家。

6. 日本维新会

前大阪市长桥下彻于2012年9月成立"日本维新会"，2014年更改为"维新党"，后于2015年11月重新成立"日本维新会"，以近畿地区为主要势力范围。主张成立大阪都，实现大阪府的副首都化，推进地方分权，打破中央集权；改革统治机构，推动修改宪法，实现首相普选。截至2019年1月，该党现任党首为松井一郎，干事长为马场伸幸。日本维新会是日本一个保守政党，2012年9月28日以地方政党"大阪维新会"为主体，加上脱离民主党、自民党等党的国会议员组成，并陆续将日本创新党与太阳党合并入内。

第二节　日本历史

日本从原始时代至今，近1万年间从未与其他民族有过大规模融合，坚守其独有的文化。另外，从古至今，日本积极引进和借鉴外国文化并将其转化成日本独特的文化，使日本文明发展到世界一流的水准。日本历史可分为古代、中世、近世、近现代。

一、古代日本

约1万年前至11世纪，日本历经割据争霸、国土统一之后，建立了以中国制度为典范的律令制国家。代表性的时期包括绳纹时代、弥生时代、古坟时代、奈良时代、平安时代。

1. 绳纹时代

绳纹时代是以绳纹陶器为主要特征的时代。当时的人们制作绳纹式陶器，使用弓箭狩猎，开始出现捕鱼、采集等生活方式，并开始使用打制石器、磨制石器、骨角器等。青森县的三内丸山遗迹是日本发现的规模最大的绳纹村落古迹。

2. 弥生时代

3世纪前后的弥生时代，从朝鲜传入的水稻种植和金属器具等工业技术，使日本社会发生了跨时代的变化。其间产生的民族信仰、礼仪、风俗习惯等逐渐传播开来，形成了雏形日本文化。

3. 古坟时代

4世纪中叶的古坟时代，大和政权统一了割据的小国。这个时期，中国的先进技术和知识传入日本，势力增强的日本开始引进中国的物质文明，特别是开始使用中国的文字——汉字。6世纪，日本正式开始接受儒教，佛教也开始传入日本。7世纪，当时的圣德太子以"大化改新"为契机谋划了政治革新，打造以天皇为中心的中央集权国家。此政治改革主要以中国的隋、唐为楷模，是更加积极地汲取中国文化的举措。

4. 奈良时代

710年，日本迎来了律令制国家的鼎盛时期——奈良时代，首都迁至平城京（今奈良市）。这个时期国家极力保护佛教，佛教文化尤其是佛教美术日趋繁荣，具有代表性的文化有：①7世纪初期的飞鸟文化——开创了日本佛教文化；②7世纪后的白凤文化——反映了勃勃生机的人类；③8世纪中叶体现人类丰富情感的天平文化——深受中国盛唐时期文化的影响。这个时期可与佛教美术媲美的文化金字塔是上至天皇下至庶民所创作的约4500首的和歌集《万叶集》。此外，这个时期还出现了现存最古老的史书《古事记》（712年）、最早的敕撰史书《日本书纪》（720年）、最早的汉诗集《怀风藻》（751年）等这个时代的文化遗产。

5. 平安时代

8世纪末，日本首都迁于平安京（今京都市），力图重建律令体制，这个时代就是日本的平安时代。平安时代的日本陷入了财政困境，治安混乱，地方政治不稳定，中国文化的大量输入因此而停止，武士集团得以迅猛发展。至11世纪末，随着院政体制的施行，武士进入了中央政界。

平安时代是以"国风文化"为特色的文化。9世纪虽已停止大量汲取中国文化，但仍受中国唐代文化的影响，密教和汉学十分盛行，因此弘仁文化、贞观文化发展繁荣。到了10世纪，日本产生了自身独特的贵族文化，其代表作品有：10世纪初的第一部敕撰和歌集《古今和歌集》，11世纪初的长篇小说《源氏物语》，成书于1000年后的随笔《枕草子》等优秀的文艺、文学作品。这些作品都是用"假名"书写的，换句话说，这个时候日本就开始有了自己的文字。"假名"是日本人利用汉字独创的本国文字，所以这些书里体现了日语独有的感性表达。

平安时期盛行的是宣扬来世幸福的净土教和主张现世利益的密教。另外，在建筑、书法、绘画、雕刻等工艺艺术方面的本土化越来越明显。

二、中世日本

自从武士阶层取代王公贵族掌握了国家政权，日本形成了封建社会。

12世纪末，源赖朝在镰仓创立幕府，建立了武家政权，从此日本进入镰仓时代。半个世纪的时间，东部镰仓与西部京都的朝廷公爵贵族间对立不断，加上公元13世纪后期蒙古大军的两度袭击，幕府的武士统治渐渐走向灭亡。

镰仓时代，在原来的贵族文化基础上孕育出了真实、生动而独特的武家文化。同时，创建了镰仓佛教，12世纪从宋朝传入的禅宗也受到了关东武士的信奉。此外，13世纪初诞生了军记物语杰作《平家物语》、随笔集《方丈记》（13世纪）和《徒然草》（14世纪）。

后来，后醍醐天皇消灭了镰仓幕府，与足利尊氏对立，进入了京都朝廷（北朝）与吉野（今奈良县）朝廷（南朝）并存的南北朝时代。这时，两朝之间的斗争不断，民众因动乱迁移到日本各地，因此促成了日本异质文化的融合。

14世纪后半叶，足利义满稳定了室町幕府，从此开始了近两个多世纪武士阶层压倒王朝贵族的室町时代。因靠聚集各地势力强大的"守护大名"（诸侯）建立的室町幕府的统治力量薄弱，到了15世纪后半叶，战乱不断，进入了战国时代。战国大名掌握了强有力的独立政权，并统治农民。这时日本与中国的明朝有着频繁的贸易往来，14世纪末出现了以金阁寺为代表的北山文化，15世纪末出现以银阁寺为代表的东山文化，同时兴起了能、狂言、连歌等庶民文化。此时的文化为茶道、花道等日本传统文化的产生奠定了基础。

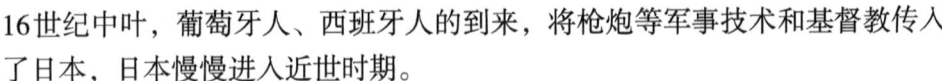

16世纪中叶，葡萄牙人、西班牙人的到来，将枪炮等军事技术和基督教传入了日本，日本慢慢进入近世时期。

三、近世日本

从公元16世纪至19世纪中叶，日本确立了所谓的"幕藩体制"，武士中的将军和大名（诸侯）开始联合统治土地和人民，当时支撑国家经济的是农业。这个时期的发展史上有安土桃山时代和江户时代两个时代。

安土桃山时代是由织田信长和丰臣秀吉掌握政权的时代，他们平定了战乱，统一了国家。随着国家的统一，外交日趋频繁，诞生了富丽而宏伟的桃山文化。

此后，幕府政权越来越强大，1603年德川家康把幕府政权建立在江户（今东京），开启了日本的江户时代。德川家族统治了日本260多年，更因第三代将军德川家光推行的锁国政策使幕藩体制长时间稳定发展，到19世纪渐渐衰落。

近世日本最具特色的文化是庶民文化，主要指的是以京都、大阪等地区为中心的武士和町人文化，偶人净琉璃、歌舞伎、工艺美术等民间文化迅速发展和兴盛。出现了擅长町人文化的作家，如小说家井原西鹤、俳谐作家松尾芭蕉、偶人净琉璃和歌舞伎的剧本作家近松门左卫门等。

江户时代开始，幕府政权重视教育和科学技术的普及，武士们开始学习儒学，尤其是朱子学。因此18世纪以后，日本古典国学与兰学的研究有了较快的发展。诸侯的领地藩设有藩校来教育诸侯子弟，民间设有寺子屋为庶民建立了初等教育机构。教育的投入与科学的发展，推动日本进入了近现代时期。

四、近现代日本

19世纪后半叶实行的对外开放，使日本在半个世纪的时间内迅速成长为近代国家，开启了明治时代。这个时期，为了赶上欧美先进国家，明治政府实行制定宪法、设立国会、修改不平等条约等近代化政策。同时通过中日甲午战争、日俄战争等侵略他国的行为促进本国的产业革命和资本主义社会的发展，也提升了自身的国际地位。这时日本传统文化与欧美文化在对立统一中发展起来，形成了明治文化。

第一次世界大战后，大正、昭和时期的日本帝国主义倾向日益增强，侵略了中国、朝鲜在内的亚洲诸多国家，把殖产兴业与殖民扩张挂钩，仅用半个世纪的"急行军"走完了西方国家200多年才完成的现代化历程,成为亚洲唯一的资本主义现代化强国。

20世纪60年代,日本政府制定了《农业基本法》等有利于经济发展的各种举措,使得日本经济实现了长期持续高速增长。1968年日本国民生产总值大幅度提高,成为资本主义世界仅次于美国的第二经济大国。

1. 明治时代

明治是日本明治天皇在位期间使用的年号,时间为1868年至1912年。日本经过王政复古大号令及戊辰战争后,拥戴朝廷的诸藩成立了明治新政府。明治政府积极引入欧美各种制度及废藩置县等,一方面确立国家制度,设立帝国议会及制定《大日本帝国宪法》;一方面又以培植产业及富国强兵为国策推进,使日本短时间内发展成近代国家。这个时期在文化上,日本从欧美传入了新的学问;在宗教上,改变了以往神佛合流的现象,出现了废佛毁释等运动。

2. 大正时代

日本大正天皇在位的时期(1912—1926年)是短暂而相对稳定的时期。这个时代的根本特征是大正民主主义风潮席卷文化的各个领域。大正前期为日本自明治维新以后前所未有的盛世,并因当时欧战结束,民族自决浪潮十分兴盛,民主自由的气息浓厚,后来称之为"大正民主"。大正天皇嘉仁是日本第123代天皇,平成天皇的祖父、昭和天皇的父亲。他以易经的"大亨以正,天之道也"一句改元大正。成人以后,娶九条节子(贞明皇后)为皇太子妃。其生有四子,即昭和天皇裕仁、秩父宫雍仁亲王、高松宫宣仁亲王、三笠宫崇仁亲王。

自中日甲午战争、日俄战争后,日本垄断资本迅速发展,并成长为亚洲唯一的帝国主义国家。在资本主义发展过程中,不论在城市还是在农村,都逐渐形成了一个新的中产阶级。这一阶层在政治上反对当时的军阀官僚专制,要求实现政党政治,实施普选,从而形成大正民主主义运动。

3. 昭和时代

1926年,裕仁登基,年号"昭和",即昭和天皇。昭和时代前20年,对于中国、朝鲜、东南亚及太平洋地区人民来说,是黑暗的20年。这时的日本政府致力于侵略扩张。1931年(昭和6年),"九一八事变"爆发,日军侵占中国东北。1937年（昭和12年）7月7日，日军挑起"卢沟桥事变"，发动全面侵华战争。1941年（昭和16年），日军偷袭珍珠港，太平洋战争爆发。这一时期，日本的侵略行径不仅给许多国家的人民带来深重的灾难，也给日本人民带来痛苦的困境。这是日本历史以及中日关系史上最黑暗的时期。1945年（昭和20年）8月15日，日军投降。美军单独占领日本，改日本专制天皇制为君主立宪制，天皇作为日本的象征被保留下来。此后，美国接连在东亚发动朝鲜战争与越南战争，其间美军所需大批军事及后勤物资均从日本订货，大力扶持了日本已有的军事工业，刺激了日本经济的恢复和发展，使日本迅速崛起。当时的日本是世界公认的第二大发达国家。

1972年（昭和47年）7月，田中角荣出任日本首相，开始执行"多边自主"外交。同年9月田中访华，于9月29日与周恩来总理签署《中日联合声明》，宣布中日邦交正常化。1978年8月中日两国在北京签订《中日和平友好条约》。1978年10月邓小平副总理应邀访问日本，参加条约批准书的互换仪式。中日两国关系从此趋于正常化。

昭和是日本年号中使用时间最长的。1989年1月7日，昭和天皇病逝，昭和时代自此结束。

4. 平成时代

1989年1月8日皇太子明仁即位，改元"平成"。20世纪90年代初期，日本泡沫经济崩溃，经济陷入长期不景气阶段。这一时期失业攀升，财政赤字庞大，加上奥姆真理教发动的一系列恐怖攻击与阪神大地震，社会陷入不安。2000年后，日本经济已稳健复苏，逐渐摆脱了长期低迷的局面，政治方面则因多方面原因频换首相，自2006年至2012年先后有6人出任首相，分别为安倍晋三（2006—2007）、福田康夫（2007—2008）、麻生太郎（2008—2009）、鸠山由纪夫（2009—2010）、菅直人（2010—2011）、野田佳彦（2011—2012）。

2017年12月8日上午，日本政府在内阁会议上通过关于明仁天皇退位时间的行政令，正式决定明仁天皇于2019年4月30日退位，皇太子德仁于翌日登基，并启用新年号。届时，使用时间长达31年之久的平成年号迎来终结，明仁天皇也成为日本皇室近200年来首位实现生前退位的天皇。

2019年5月1日，德仁皇太子正式成为日本第126代天皇，同时正式启用"令和"年号。

思考题

1. 日本天皇的权力体现在什么地方?
2. 日本政党有什么特点?
3. 请举例说明日本历史的主要特征。
4. 日本近代的转折点是什么时候?
5. 中国对日本的历史发展起重要作用的是什么时期?

第三讲　日本社会与经济

第一节　日本住房

日本传统房屋一般以榻榻米、竹、石、纸、木等简单的构成要素，形塑"空、间、寂"的独特的日本美学。

居住问题对现代人来说极其重要，也是我们的生活中不可缺少的一部分。而且随着人们的生活水平的日益提高，对居住条件的要求也越来越高。作为发达国家的日本，现代住宅除了体现积极吸收西方现代潮流和科技现代感的设计风格之外，更多保留了日式传统居住风格，每个环节都可以找到和式思想。日本的住宅主要有独幢楼房（一戸建て）、高级公寓（マンション）、一般公寓（団地）、小型公寓（アパート）等。

1. 独幢楼房

日本现代独幢楼房，其实是在借鉴和吸收欧美现代木结构独立住宅的一些先进理念和先进技术基础上发展沉淀的，但细节中保留了自己独特的居住文化。一般是两层的小洋房，现代木结构承重体系，框架系统中的"节点"位置，都会使用专门的钢制连接，进行特别的构造处理。因而现代日式木结构的独立住宅的承载强度、抗震性都非常强。房间构造一般都以西式与和式混合，房子外设有庭院、停车位等。一半以上的日本人拥有独立住宅，虽国土面积极小，但日本人的居住条件和环境跻身世界一流行列。

2. 高级公寓

现代日本年轻人更倾向居住高级公寓，因为高级公寓的地理位置适合上班族和学生，上班、上学方便，生活便利，居住人群的素质相对较高。另外，高级公寓一般都设有保洁员、保安等，治安、卫生环境良好。

3. 一般公寓

一般公寓包括不设有保安、保洁员等的，楼层较低、设施陈旧的普通公寓和低收入人群居住的公租房，在日本叫作"团地"。普通公寓的产权一般是归个人所有，可售卖或租赁。公租房产权归国家所有，租赁给少数通过摇号申请到的低收入人群或拿国家补助的家庭，单身是没有资格申请的。一般公寓的周边卫生等公共环境的保护由居住人共同维持。

4. 小型公寓

一般是单间（ワンルーム），多为两层楼。

一栋有几间到十几间的小公寓，主要居住人群是大学生。日本人一般成年，即20岁就要求独立生活，因此大部分大学生入学后就租住小型公寓，但租赁时要求父母做担保。

第二节 日本家庭

二战以后，随着日本战后重建和社会制度的变革，欧美文化大量渗透，日本人的家庭观念发生了巨大变化，日本人的家庭结构也越来越多样化。

首先，三代直系亲属共同生活的家族不断减少，核心家庭明显增多。这样既能让现在的年轻人更好地保持与父母的融洽关系，又能避免因生活观念不同与父母之间产生矛盾。但是，独身主义者越来越多，晚婚晚育、晚婚不育、不婚生育的倾向日益增多，加上越来越高的离婚率也导致了单亲家庭的数量不断增长。

其次，越来越多的女性选择就业，女性的社会地位呈现上升趋势。在日本，女性的大学升学率逐渐上升，很多人婚后选择继续工作。加上日本政府修改了男女雇佣制均等化，增设了产假、育儿假等有利于女性的工作环境，因此夫妻双职工家庭数量也有所上升。

另外，随着日本的高龄化、少子化现象日益严峻，政府出台的"介护制度"即养老制度越来越完善。政府通过改革多项措施，解决了老年人生活保障问题，规范了日本养老产业的发展。但是，仍有不少子女照顾和夫妇互相照顾（老老介护）的家庭，此类负担重的家庭演变成了社会问题。

总之，日本家庭"核化"（かくか）是一种时代的趋势，仅有夫妻2人或夫、妻（单亲）与1~2个子女同住的小家庭占总家庭数的60%以上。1998年以后，平均家庭人数为2.7人。妻子的家庭地位提升，妻子握有主导权的家庭越来越多。

第三节　日本教育

日本国民的"教育、工作、纳税"三大义务中"教育"排在第一位，可看出对教育的重视度。日本实行小学6年、初中3年的义务教育，就学率100%，公立小学、中学的学费以及教科书费一律免费。高中为3年制，虽不是义务教育但升学率达到97%；大学为4年制，升学率超过50%。日本从小学到中学设有修读年龄限制，所以同年级的学生一般都是同岁。日本的高中有男女混合高中和男子高中，大学有一般大学和女子大学。具体教育结构如表3-1所示。

表3-1　日本教育结构

教育区分	教育机关	修读年龄	修读年限
制度外	保育园	0岁起	
学前教育	幼儿园	3岁起	
初等教育	小学	6岁起	6年
中等教育	中学	12岁起	3年
	高中	15岁起	3年
高等教育	大学（本科）	18岁起	4年
	大学院（研究生）	22岁起	2~5年
	短期大学	18岁起	2~3年
	职业院校	15岁起	5年
特别支援学校	为智障者设立的学校，各不同教育阶段均设有		
技工学校	培养各种生活所需的技能。1999年度起修满学校专业课程者可以入编到大学继续修读大学课程		
电视广播大学	运用广播、电视与函授教学相结合进行，约七成经费由国库补助，是准公立大学		

一、中小学授课内容

日本初等、中等教育的教学内容中没有地域差异，而且主要科目与中国没有很大的区别，但上课时间、上课数量、课外活动等方面则有所不同。幼儿园到大学的教学内容根据日本文部科学省教育指导要领的要求进行，因此没有地域差异或差别。除了具有普通教育科目高中外，还设有专门教育科目的高中，如：工业高中、商业高中、农业高中、水产高中等。

2011年开始，小学五、六年级设有外语科目，主要是英语，还设有家庭科（学习料理、裁缝、购物等日常生活技能）等培养实操能力的课程和道德等思想政治课程。另外，还设有综合学习（修学旅行前的准备工作、考前准备、班会等）、特别活动（特别活动是指班级、年级和学校组织的各种活动）的课程，体现了课程内容的独特性。日本文部省中小学学习指导要领中授课时间都有明确的规定，如表3-2和表3-3所示。

表3-2　小学各科目的年均授课量（1节课＝45分钟）　　　（单位：节）

	一年级	二年级	三年级	四年级	五年级	六年级
国语	306	315	245	245	175	175
社会			70	90	100	105
算数	136	175	175	175	175	175
理科			90	105	105	105
生活	102	105				
图工	68	70	60	60	50	50
家庭科					60	55
音乐	68	70	60	60	50	50
体育	102	105	105	105	90	90
道德	34	35	35	35	35	35
外语					35	35
综合学习			70	70	70	70
特别活动	34	35	35	35	35	35
授课总数	850	910	945	980	980	980

数据来源：日本文部省小学《学习指导要领》。

表3–3　中学各科目的年均授课量（1节课＝50分钟）　　　（单位：节）

	一年级	二年级	三年级
国语	140	140	105
社会	105	105	140
数学	140	105	140
理科	105	140	140
音乐	45	35	35
美术	45	35	35
保健体育	105	105	105
技术家庭	70	70	35
外语	140	140	140
道德	35	35	35
综合学习	50	70	70
特别活动	35	35	35
授课总数	1015	1015	1015

数据来源：日本文部省中学《学习指导要领》。

另外，日本学校早上开始上课的时间全国不统一，一般是在8点至9点之间，放学时间则非常早，一般是下午3点至4点之间。放学后大部分学生会参加课外活动或课外学习班。

二、高等教育

日本的高等教育体制包括专科教育和大学教育。大学教育分为本科、研究生两个阶段。

1. 专科教育

在日本，专科类教育机构包括高等专门学校、专门学校、短期大学等。

高等专门学校：初中毕业者可进入此类学校学习，为期5年（与商船有关的专业为5年半），成绩合格，修满学校规定的学分，毕业生可获得"准学士"的称号。高等专门学校的毕业生有资格申请大学插班。

专门学校：设有专门课程的专修学校称为"专门学校"。高中毕业或具有同等以上学力者方可入校学习。学习年限从1年到3年不等，一般以2年为主。符合一定条件者，可由文部省大臣（相当于中国的教育部部长）授予"专门士"称号。

短期大学：高中毕业或具有同等以上学力者可入校学习，学制为2年到3年。修满学校所规定的学分，准予毕业，可获得"准学士"的称号。短期大学的毕业生可以进入大学（插班）学习，在短期大学取得的学分可以累计为获得学士学位的一部分学分。

以上三类学校获得的文凭相当于我国的大专文凭。

2. 大学教育

日本的大学分为国立、公立和私立。无论哪一类大学都是日本文部省认可的正规大学，因此入学、毕业、授予学位条件大致相同。大学设有学部、大学院。

其中本科阶段称为"学部"，学制4年；研究生阶段称为"大学院"，包括硕士、博士、研修生（硕士预备生）。

（1）本科阶段

入学条件：高中毕业者或具有同等以上学力者，并受过12年教育经历者可申请进入大学学部课程。

毕业及授予学位的条件：必须在学4年或以上（医学、牙科、兽医学专业必须在学6年或以上），修满124个以上的学分（医学、牙科专业须修满188个以上的学分，兽医学专业须修满182个以上的学分）。毕业论文、毕业研究、毕业制作等若对修学具有一定的效果，亦可给予适当的学分。本科毕业生由所在大学授予学士学位。

另外，日本大学的学部里还有两种学生：旁听生（非正规生）和科目履修生（正规生）。旁听生可以旁听特定的科目，但所修科目的学分不被认定。与旁听生不同的是，科目履修生所修科目的学分可以被认定。这两种课程成绩合格者不被授予毕业证书和学位证书。

（2）研究生阶段

在日本，大学院设有硕士课程和博士课程。硕士课程学制为2年，博士课程学制为3年。有的学校将博士课程分为前期2年和后期3年。前期的2年亦可看作为硕士课程。同样，也有单独设置后期3年博士课程的学校。

①硕士。入学条件：一般情况下，报考硕士课程需具有16年以上的学历，

日本大学的医学、牙科及兽医学专业不设有硕士课程。

毕业及授予学位条件：在大学院在学2年以上，修满30个以上的学分，并且在接受研究指导的基础上，通过该研究生院的硕士论文审查及毕业考试，毕业生可获得由所在大学颁发的硕士学位证书。若在学期间取得优异成绩或研究成果，在学年限允许减为1年以上。

②博士。入学条件：一般情况下，具有硕士学位者以及被认定具有同等以上学力者，并有18年以上的教育经历者均可直接进入博士3年课程。但是，日本大学的医学、牙科及兽医学的本科课程学制为6年，也不设有硕士课程，因此大学毕业后可直接报考博士课程，但必须具备18年以上的学历。若不修读完大学的6年课程，将不具备参加国家（资格）考试的资格。对于其他国家的硕士毕业（医学专业本科毕业）未满18年学历者，须在大学院（研究生院）进行研究1年，然后再参加入学考试，攻读4年博士课程。

课程修读条件：在研究生院在学5年以上，修满30个以上的学分，并且在接受研究指导的基础上，通过该研究生院的博士论文审查及考试。对于取得优异成绩或研究成果者，在学年限可减至3年以上。对于已修读硕士课程者，要求在学为3年。

授予学位的条件：设有研究生院的大学，对该院博士课程完成修读，毕业考试合格且学位论文审查通过的毕业生可授予博士学位。博士生即使实际并不在学，根据该大学的有关规定，通过博士论文审查，并完成博士课程修读者同等以上的学力，亦可授予博士学位。通常称前者为课程博士，称后者为论文博士。

三、特殊的教学内容

1. 特别活动

日本的小学、中学、高中都设有这一门课程，是教科外、学科外活动的必修课程。主要目的在于培养学生的集体主义精神和树立正确的人生观。进行的方式多样，比如：运动会、文艺会、学园祭、修学旅行、学农、志愿者活动、野外宿营、见学等。

2. 课外活动

课外活动是不同年级、不同班级的同学按照自己的兴趣自发组织的活动，受学校认可，有教师担任顾问，大多数学校不强制学生参加，其目的在于提升学生的学习欲望，培养责任感、集体主义精神。课外活动一般在放学后进行2小时左右，但有些项目会要求早上上课前和周末休息日进行。课外活动中人气较高的活动是体育部的棒球、网球、排球、篮球等，文化部人气较高的是管乐、轻音乐、美术等。

四、校外教育与学习

日本的升学竞争相对来说较激烈，如果升学目标是东京大学、早稻田大学、一桥大学、名古屋大学等知名一流大学，很多人会选择升学补习班帮助备考。有名的升学补习班也要通过考试才能入读。也有一部分家庭为了让孩子进入一流大学，从小学或中学开始报考私立学校，同时选择各种补习班和预备校进行补课。

除了为了升学而开办的补习班外，还有各种技能培训班。参加学生最多的是棒球、游泳、剑道等体育相关的运动培训班。运动以外的钢琴、书法、舞蹈等培训班也受欢迎，近几年学外语的学习班日益增多，除了英语，学中文的学生越来越多。

除了学习之外，日本政府允许高中生、大学生打零工。不少家庭经济条件差或不打算参加高考的高中生选择一周2～3次（一次3～5小时）打零工，政府和父母认为这就是社会实践。学生选择打零工的地方一般是饮食店、24小时便利店、超市等可以灵活选择时间的地方。

五、日本教育存在的问题

日本家庭教育的能力下降，孩子们缺乏必要的生活实践，对孩子们的成长产生着不良的影响，主要体现在：①EQ（心理智商指数）下降；②现实与非现实的界线变得模糊不清；③欲望的控制能力减弱；④以自我为中心；⑤生存能力下降；⑥体力下降；⑦青少年犯罪增加，特别是少年犯罪率逐年递增；⑧御宅族日益增多等方面。

20世纪90年代后期，日本政府对灌输式教育方式和应试教育体制进行反思，实行学校教育改革，逐渐尊重学生的个性和自主性，提倡特色教育和多样化教育。2001年开始实施"宽松"教育（ゆとり教育）和学校五日制教育（周六、周日完全休息），把培养学生的自主学习能力放到首要位置上。开设了综合学习课程，把家庭、地区与学校教育相结合，实行三者一体化，制定了新的学习指导纲要。"宽松"教育模式实施的最大弊端体现在学生厌学及学校暴力的现象明显增多。加之家庭和社会的教育职能下降，凌辱事件、学校暴力时有发生，使得一些学生不愿去学校甚至退学，少年犯罪增多，并呈现出低龄化趋势。

日本的"宽松"教育世代指的是接受2003年起实施的大规模削减了课程内容和学习时间的《学习指导要领》教育的一代学生，出生在1987年之后的学生是第一批接受"宽松"教育的"实验品"。日本文部科学省2020年起将在小中高学校依次实施新的《学习指导要领》，意味着日本从此结束了"宽松"教育。

第四节　日本职业

严谨认真、忠于职守也是日本的国民特性。因此，日本人认真的工作态度和工作精神是公认的。

日本人气最高的职业有公务员、药剂师、医生、职业运动员、护士、保育员（保育园的幼儿教师）、金融从业者、视频创作者（YouTuber）、游戏开发师、编辑等。

一、日本公务员

日本公务员按工种分为国家公务员和地方公务员。国家公务员包括国家各个机关部门的职员、行政执行法人干部和职员；地方公务员包括地方机关部门的职员、特别地方独立行政法人干部和职员。

国家公务员和地方公务员根据任用制度上的不同和工作内容分为一般职和特别职。一般职的公务员是通过公务员录用考试录用的人员。具体可分为：

（1）行政职：包括通过法律、经济考试录取的事务职；通过土木、建筑、机械工学、农业等考试录取的技术职；在教育委员会或在学校从事行政的事务职。

（2）专门行政职：强调高超技术的行政职，如船舶检查官、航空管制官、植物防疫官等。

（3）税务职：在国税厅从事税收的一般职。

（4）教育职：教师。

（5）医疗职：公务员医师官职人员、牙医、药剂师、护士、保健师、营养师等。

（6）研究职：公立研究机关或检查机关的技术类职员，博物馆、美术馆的职员。

（7）公安职：警察、海上保卫官、消防员等。

特别职的公务员则包括以下人员：

（1）通过公务员考试任用的自卫官；

（2）通过选举就任的国会议员、地方公共团体长官、地方议会议员等；

（3）通过政治任命的国务大臣、副大臣、法制局长官；

（4）需国会或地方议会同意任命的人事官、检察官、副知事、副市町村长等；

（5）不受内阁监督的立法和司法机关部门的法官、法院工作人员、国会职员；

（6）以职务性质特设的宫内厅职员、防卫省职员等；

（7）内阁总理大臣或国务大臣的秘书官；

（8）根据地方自治法设立的审议会委员、地方首长设立的委员会委员等。

二、日本企业与员工

日本企业如今仍施行年功序列和终身雇佣制。1990年开始的经济低迷造成日本企业不断裁员、限制正式员工人数、采取合同制或人才派遣，雇佣形式越来越多样化，年功序列制逐渐消失，上班族面临"实力至上的时代"，但仍有90%的雇佣是终身雇佣，而且日本人换工作的频率不高。因为员工一旦被日本企业录用且遵从公司的命令好好工作的话，即使没有取得明显的业绩，只要公司不倒闭就不会被解雇。公司还有各种补贴和生活保障，让员工安心工作，使员工有意识地认为公司与自己是命运的共同体，对公司的忠诚度高。

日本企业多半会有计划地定期录用一定数量的年轻人，特别是应届毕业生，来维持员工的年龄结构的均衡。企业对新入职的员工定期培训，同时每隔数年便调整职务，使其积累多方面的经验。

日本的企业从1990年起普及了双休日制度，但个别中小企业还未能实现所有员工的双休日制。法律规定每个员工都具有带薪休假的权利，一般是14～15天，但实际休假日数为7天左右，大多数人因工作繁忙而难以实现带薪休假。企业设有月薪或年薪的工资制度和一年两次（夏季、年终）的奖金制度，收益好的企业设有一年三次奖金制（夏季、秋季、年终）。奖金按业绩来分发，具有奖励性质，一般等于几个月的工资数额，是具有很大福利性质的生活津贴。

日本上班族的交际方式主要是企业内部举办的各式各样正式与非正式的活动。日本企业十分重视人与人之间的和睦相处，一般会定期举办全公司或各部门的交流活动，其中包含员工家属参与的运动会、员工旅行、换岗欢送会、年末忘年会、新年会等。

在日本，无论是公务员还是企业员工，在职时都有几次换岗调动、调职。调动涉及范围不仅在国内，也有可能调到国外。调动对上班族来说不可避免，虽然会给员工与家属带来不少不便，特别是子女教育问题等，但是大多数员工会服从安排，甚至为了家人，很多人选择一个人（单身）赴任。

三、日本人的工作特点

日本人的工作特点可以用以下几点概括。

（1）跟发达国家相比，日本人的年均工作时间是世界上最长的国家之一。

（2）国家机关和大中小企业仍实行年功序列、终身雇佣制度。但近年来日本经济不景气，加上老龄化越来越严峻，很多企业以雇佣非正式员工或派遣员工的形式缓和经济压力。

（3）日本社会仍非常重视等级划分，人与人之间上下级关系主要依据官职、年龄、经验等。

（4）企业非常重视员工教育和员工培养。新入职员工以一对一或一对几的形式用心培养，使他们成为公司的骨干，可以减少辞职率。

（5）职员、企业员工下班后聚餐交流是日本独有的企业文化。居酒屋成为他们交流、解压和增强工作动力的地方。

日本的退休年龄一般是男性65岁，女性60岁，退休后可以享受养老金。养老金包括个人和雇主各承担一半的职业退休金和国家的基础养老金。但是因为日本的少子老龄化现象越来越严峻，养老金财政逐年削减。

第五节 日本医疗

一、日本的卫生行政体制

在国家层面上，厚生劳动省（相当于我国的卫生健康委员会和人力资源和社会保障部）负责制定国家卫生、社会保障、劳动就业等政策和领导全国

47个都道府县推行卫生保健计划,设有统计信息部、障害保健福祉部、健康政策局、生活卫生局、医药安全局、老人保健福祉局、儿童家庭局和保险局、社会保险厅、地方医务局等。

47个都道府县都独立设有自己的卫生主管部门,其名称大多数将"卫生保健"与"福祉"的功能设置在一起,称为"保健福祉部"或"健康福祉部",一般设有健康福祉科、医疗对策科、健康对策科、健康增进科、高龄福祉科、障害福祉科、儿童福祉科、药务科、福祉指导科、食品及生活环境卫生科,等等。在基层的市町村,一般设有保健福祉科,下设民生系、保险系、卫生系等,主管当地的医疗卫生保健工作。

二、日本医疗体系

日本的医疗卫生体系可以划分为两个体系:医疗系统和保健系统。

1. 医疗系统

日本的医院有国家办的、地方政府办的以及行业部门办的公立医院,也有民营医院。从数量上看,民营医院比公立医院多,而且民营医院多集中在人们居住地附近,给患者带来便利;但从规模上看,300张病床以上的大中型医院基本都是国家或地方政府办的公立医院,中等以下规模的医院和诊所以民营为主。

由于公立医院的社会定性是非营利性公益性机构,所以,公立医院总体上是亏损的,亏损部分由国家和地方财政补贴。

2. 保健系统

可以说,除了医疗以外的几乎所有关系到人的健康问题都属于日本保健服务的范畴。日本将保健的领域分为:对人的保健和对物的保健。前者涉及的法律主要有《营养改善法》《母子保健法》《老人保健法》《预防接种法》《健康促进对策》等;后者涉及的法律主要有:《医疗法》《药事法》《水道法》《食品卫生法》以及墓地、埋葬等相关法律。还有特殊领域的保健则涉及《检疫法》《医师法》等,学校保健和职域保健则分别与《学校保健法》《劳动安全卫生法》有关。保健服务由保健所和市町村的保健中心提供。每个区域保健中心都有义务定期提醒人们去健康检查,提醒方式有多种形式,如访问、发传单、举办健康保健讲座等。

三、医疗保险制度

日本的医疗保险有两种，一是企业在职职工医疗保险，二是国民健康保险。凡没有加入职工医疗保险者，均必须加入国民健康保险，这是日本法律规定的居民义务。不管是日本人还是外国人，只要在日本居住时间超过半年（含半年），就有义务加入国民健康保险。看病时，个人负担30%的医疗费，直接付给医院。其余的70%由保险组织与医院负担。另外，这些国民健康保险所缴纳的费用与当年的收入挂钩，如果收入高，缴纳金额会增高，如果收入低，也会返还一部分已缴纳的金额，这些都是在全国范围的收入系统中自动生成，无需申请。

日本医疗保险的资金来源于企业在职职工按工资收入的一定比例缴纳的保险费。一般是8.2%。其中，个人承担一半，所在单位承担一半。国民健康保险的资金缴纳一般与养老保险金的缴纳合并计算。分以下类型进行测算：①类型A，所得税比率额：根据各家庭前一年度的所得来计算；②类型B，平等比率额：一个家庭要交多少，按人口平均计算；③类型C，均比率额：不论收入和年龄，根据加入人口数平均计算。

职工医疗保险由企业（株式会社）运营，国民健康保险由市町村运营。国民健康保险经办机构叫"国民健康保险团体连合会"（简称"国保连"），这是各市町村联合举办的一个公营组织，负责国民医疗保险的实施运行工作。这是一个委员会性质的组织，其议事决策层由市町村（市长、町长、村长）组成，下设办事机构"事务局"。"国保连"专职工作人员的工资和开展相关业务的工作经费均由市町村合作供给。每年年底，"国保连"向市町村汇报工作并提出下一年工作计划和预算，由市町村议会商议，市町村长官会议议定预算。"国保连"组成一个"医疗费用审查委员会"，其成员分别来自民营医院、公立医院和国立医院，分别代表医疗机构、市町村和公益事业。委员会集体办公，公正审查高额医疗费用的案例。为了减少和节约国民健康保险资金的支出，"国保连"还经常与卫生行政部门和保健所共同开展健康促进活动。

四、老人介护保险制度

老人介护保险制度开始于2000年，这一制度是老年福祉制度和老年保健医疗制度合并而成的。其主要背景是：①由于人口的迅速老龄化，而且是高龄化趋势明显，痴呆老人越来越多；②老年人的医疗消费和医疗费用负担很重；③人口出生率的下降，劳动人口比重和绝对数量也在下降；④妇女受教育程度提高，职业女性增多，无人照顾老人。

因此，日本创立了介护保险制度，既能保障老年人生活不便时有人照料、有病能及时得到医疗和护理，又尽可能提高劳动人口伺候老年人的效率（节约劳动人口的劳动力），而且通过专业人员定期上门提供医疗护理和康复指导，延缓衰老进程，促进和维持健康状况，节约了大量的医疗费。

《介护保险法》规定，介护保险对象主要为65岁以上的老人，规定40岁以上的国民必须参保并缴纳介护保险金，但65岁以上人群缴纳的数目根据家庭人口、是否领取养老金及家中是否有缴纳居民税的人等条件而变化。

按规定，享受介护保险服务者必须达到65岁，但是对于参加了介护保险虽不满65岁的中老年人，如患有初老期老年性痴呆、脑血管疾患、肌萎缩性侧索硬化症等16种指定疾病，并获得护理证明，才有资格享受介护保险服务。

被保险人（老年人）如果需要介护服务，个人须先向市町村提出书面申请，市町村在听取主治医生意见的基础上，派调查员前往老人家中调查健康状况，将调查结果送交介护认定审查委员会，依照国家的标准进行判定。申请人得到介护保险的认定后，有一名专业的介护师上门帮助申请人制定一份符合认定的介护等级，以及适合本人健康状况和要求的介护服务计划，并将此计划交有关医疗机构。医疗机构照此计划上门提供介护服务，或接送患者到相关机构接受服务。介护计划实施半年后，再进行一次健康调查和重新评估，根据健康状况的改善程度（或恶化程度），调整介护等级，制定新的介护计划。

享受介护保险服务者一般个人负担服务费的10%，但随着制度的变化，根据个人的收入收取10%～30%的费用。在享受介护服务的过程中，与介护有关的生活设施的购买和室内居住条件的改造，全部都由市町村出资。

五、日本医疗的发展历程

- 1922年 （旧）《健康保险法》。
- 1938年 （旧）《国民健康保险法》。
- 1958年 制定《国民健康保险法》。
- 1961年 实现"国民皆保险"。
- 1973年 70岁以上免医疗费（个人负担为0）。

- 1983年　制定《老人保健法》。
- 1984年　被雇佣者医疗保险个人负担10%。
- 1997年　被雇佣者医疗保险个人负担20%。
- 2003年　被雇佣者医疗保险个人负担30%。
- 2008年　施行后期高龄者医疗制度（75岁以上个人负担10%）。
- 2015年　医疗保险制度改革（扩充国民健康保险的财政资助、提高住院期间的伙食费、增加没有介绍信到大医院看病定额负担等）。
- 2018年　国民健康保险财政运营机构从市町村变更为都道府县。

第六节　日本媒体

日本的主要媒体有报纸、电视、杂志、广播等。随着网络的普及，报纸在日本国民中的热爱度渐渐削弱，但报纸的发行量没有受很大影响。据日本新闻协会2020年度的统计，日本国内的报纸日发行量约3509万份，说明日本人喜爱看报纸。

一、日本报纸

日本的报纸类型包括一般报纸、体育报、晨报和晚报等。2021年，日本国内报社有127家，其中东京34家、大阪11家、北海道8家、东北13家、关东7家、中部15家、北陆6家、近畿6家、中国7家、四国4家、九州16家。这些报纸分为在全国发行的"全国报"和只有在地方发行的"地方报"。

（1）全国报

《朝日新闻》《读卖新闻》《每日新闻》《产经新闻》《日本经济新闻》是全国报五大报纸。

（2）地方报

一般以都府县为单位发行，发行范围小，接地气。地方报里还包括以东北地方为中心的《河北新报》、中部地方为中心的《中日新闻》和全九州发行的《西日本新闻》。

日本不少报社拥有百年以上历史，至今作为舆论导向者获得社会的高度信赖，仍然保持着其优势地位。据日本公益财团法人"新闻通信调查会"的2018年全国舆论调查结果，报纸的可信度（满分为100分）为69.6分，虽没有达到NHK电视台的70.8分，但大大超过了地方电视台的62.9分和网络的49.4

分，获得较高的可信度。

报纸行业的收入来源主要是销售和广告。在日本有确保每天在指定时间把报纸送到的户别配送制度，因此大多数是订阅的读者，订阅保障了报社的经营。报纸的另一个收入来源是广告。但最近几年广告收益持续下滑，2019年报纸行业的广告总收入为3092亿日元，仅为2007年广告收入的一半。

二、日本电视

日本电视有公共电视台和民营电视台。公共电视台是NHK电视台，其主要经济来源为频道订购，因为电视播放中没有广告。民营电视台主要依赖于广告收入，主要有日本电视台、TBS电视台、朝日电视台、富士电视台、东京电视台等5家民营电视台和每日放送电视台、关西电视台、读卖电视台等地方电视台。2012年，全日本进入数字电视时代。

三、日本杂志

日本每年发行很多种类的书籍和杂志。日本的杂志分为综合杂志、专业杂志、娱乐杂志、信息杂志等。

（1）综合杂志

综合月刊、写真周刊、男性周刊、女性周刊。

（2）专业杂志

文艺期刊、经济期刊、科学期刊。

（3）娱乐杂志

时尚杂志、漫画杂志、体育杂志、游戏杂志、烹饪杂志、成人杂志。

（4）信息杂志

电视信息杂志、FM信息杂志、招聘信息杂志、城市信息杂志。

四、日本广播

日本广播电台分为NHK（日本广播协会）公共频道和民间各地方频道。跟中国相同，分有AM广播、FM广播和短波广播。短波广播有NIKKEI（国内频道）和NHK国际频道，在中国也可以收听日本的NHK国际广播。因网络、电视的普及，广播听众已大大减少。

网络的普及影响了电视、报纸、杂志的发展，并已渗透到这些媒体中，逐渐发展成以网络为中心的媒体结构。

第七节　日本经济

日本是当今世界第三大经济体，仅次于美国和中国，是世界经济大国之一。

作为起点，1955年开始的神武景气以制造业为龙头，使日本经济得到了快速成长。1968年，日本的经济规模、国内生产总值（GDP）总量在短短的20年超过西德，成为全球第三大经济强国。20世纪80年代后期，日本金融环境宽松，景气仍持续，但20世纪90年代开始，股票价格、地价等的资产价格急剧下跌，泡沫经济瓦解的后遗症严重，日本经济陷入了长期低迷状态，被认为是"失去的十年"。2002年以后，因出口和旅游业的外部需求不断上升，出现了经济回温现象。对日本经济复苏起关键作用的是主要产业变化以及日本独有的经济结构。日本经济最大的驱动力是全球需求，尤其是来自美国、中国和欧洲的需求。

一、日本经济现状

日本经济已确立自身独特的经济结构。日本的劳动人口呈现增长趋势，因为从2005年开始女性劳动者人数不断增长，第三产业就业人数的增长，给日本的经济带来了希望。而且日本已度过"就业冰河期"，与欧美相比，失业率较低。但严重的老龄化和出生率低下，加上东日本大地震等自然灾害，日本经济的复苏仍面临很大的挑战。

1. GDP

目前日本GDP总量排在美国、中国之后的世界第3位，仍保持着较大的经济实力。购买力平价（PPP）换算排名第4位，前三是美国、中国和印度。目前主要以第三产业为中心，发展汽车等制造业，产业结构有了比较大的变化。随着日本和世界发达国家、发展中国家的生活水平不断提高，对文化、教育、娱乐等方面的需求越来越高，消费内容日趋多样化，所以产业结构也向服务业化发展。

2. 日本经济增长率

日本经济高速发展的过程中，GDP增长具有"高度成长期""平稳成长期"和"低成长期"的阶段性下坡路特点。2012年安倍政权实施的经济复苏政策起了一定的作用，但不明显。安倍政府原计划举办2020年东京奥运会推进日本经济，但因席卷全球的新冠肺炎疫情，不得不延期举办，导致经济发展上又遇到了严峻时期。

二、日本的主要产业

日本产业经过了三次产业革命，包括以农业和水产业为主的战前第一产业革命，以制造业和建设业为主的战后第二产业革命，以及以现代的批发贸易业、零售业、信息产业和旅游业为主的第三产业革命。

1. 农业、水产业

在日本，第一产业的就业率是全部产业就业率的5%，继承农业的人严重不足成了日本面临的最大问题。近年来农产品的进口数量上升趋势明显，但大米仍是100%自给自足。日本国土四周环绕大海，因此水产业非常发达，但因捕获区域的限制和石油价格的上涨，从事渔业人员大减。1980年日本的捕获量达到1000万吨，排在世界第一位，但如今的捕获量不到当时的一半。1984年可以自给自足的鱼类产品，2006年已减少到一半，如今要靠进口50%才能满足需求。

2. 制造业、建筑业

日本战后经济发展的最大支柱是制造业。进口海外资源，加工后再出口到海外，这是日本制造业成功的手法之一。日本有京滨工业区、中京工业区、阪神工业区、北九州工业区、濑户内海工业区等五大工业地带以及京叶工业区、北陆工业区、东海工业区、鹿岛临海工业区、关东内陆工业区等工业地带，占据了日本的大部分工业生产额。制造业中产生了丰田（TOYOTA）、日产（NISSAN）和本田（HONDA）等世界著名的汽车产业以及松下、索尼等电子电器产业。

日本建筑业是日本国民经济的支柱产业之一，建筑业占GDP比重高且就业人数多。日本建筑业管理模式和方法在国际上也得到了广泛认可和信赖。其管理机制较完善，是纵向管理体制，由中央政府和各地方（都道府县）垂直管理。在日本负责全国建筑业管理的主管部门是国土交通省，国土交通省2001年由北海道开发厅、建设省、运输省和国土厅等合并而成。国土交通省的雇员约占日本政府总雇人数的三分之一，负责制定关于建设施工、不动产、宅地、劳动资材等的基本政策，颁布具体行业政策和标准以及国土规划、开发等。国土交通省下设日本建设中心、日本建设业团体联合会、日本建筑学会、日本建筑家协会、日本土木工业协会等行业团体和研究机构，负责具体行业标准的制定及行业自律，评估和颁发资质证书，及建筑企业竞争性投标的资格预审，对项目实施过程进行监督和评估。

3. 批发贸易业、零售业、信息产业、旅游业

日本有如三菱商事、三井物产、住友商事、伊藤忠商事等主导整个日本的大规模批发贸易企业，而且属世界顶级行列。其下属多家制造业的子公司和兄弟公司以集团经营模式扩大业务范围。

百货商店、超市、家电专卖店和24小时便利店等零售业，主要在高度经济成长期和泡沫经济时期在全国兴起，以连锁店形式扩大了规模。但近年因日本人口锐减，经济下滑等影响，购买力大大减少，合并或破产的小型零售业越来越显著。永旺（AEON）、优衣库、无印良品等零售业积极进入中国、韩国以及东南亚各国，改变了营销策略。

另外，日本持有数字用户线路（DSL）技术、光纤到户（FTTH）等世界最尖端的信息技术，信息产业非常发达。特别是现时在世界范围内扩大开发社交网络服务（SNS）上可操作的社交游戏产品等。

近几年日本的旅游业迅猛发展，也是支撑日本经济复苏的重要因素。日本优美的自然环境和独特的文化吸引了中国、韩国等亚洲国家的游客。旅游业的发展推进了宾馆、温泉旅馆、餐饮等各行各业的发展和改革步伐，缓和了日本经济下滑。

三、日本的经济贸易现状

日本与中国、美国同为贸易大国。长期出口的产品有汽车、钢铁、半导体等电子产品，以及汽车零件、有机化合物、发动机、塑料、科学光学仪器等；主要出口国家有美国、中国、韩国等。日本不仅出口产品种类、数量多，而且进口产品的种类和数量也很多，毕竟日本是资源比较匮乏的国家之一。进口的主要产品有原油、液化天然气、服装以及附属品、石油制品、通信设备、半导体的电子零件、煤炭、药品、铁矿石等；主要从中国、美国、澳大利亚、沙特阿拉伯、阿拉伯联合酋长国等国家进口。

四、日本经济面临的问题

1. 产业空洞化

20世纪80年代以后，日元大幅升值使得日本企业的人工、原材料、能源等费用大幅增加，从而使产品成本一度上升，国际价格竞争力减弱。为了控制人工费用，减轻企业负担，很多企业将自己的公司移到海外，造成日本国内企业"空洞化"现象严重。近年来为了回避国家风险和新兴国家的工资增长等问题，不少日本企业转移自己的生产基地至经济发展落后的东南亚地区国家。

2. 人口老龄化

近年来，人口老龄化问题是发达国家和发展中国家共同面临的社会问题。在日本，人口老龄化问题对经济发展的影响主要表现在劳动力人口、收入与消费等方面，最直接的影响表现在劳动力人口和退休金的大幅减少，最终影响人们的生活质量。国家劳动力人口的大幅降低在一定程度上会抵消劳动生产率对经济增长的促进效果，最终导致经济增长率的下降。而且人口老龄化导致收入与消费减少，加上人口的负增长将导致人口数量不断减少，人口是消费市场中最基本的因素之一，与年轻人相比，老年人的消费能力相对较低。此外，老年人的医疗消费逐渐增长，家庭储蓄率也会因人口老龄化而下降。长此以往，日本国家的经济总量势必下降，日本经济增速也会落后于世界经济的增速。

五、日本经济衰退的原因

日本的经济腾飞曾为世人瞩目。但20世纪90年代初以来，随着泡沫经济的破灭，日本经济逐渐陷入衰退，个人消费、金融改革、经济发展停滞不前，其主要原因如下。

1. 经济体制改革受限制

第一，日本政府严格限制进口，但这一政策实际上大大限制了企业的外来竞争，导致国内经济无法与国际接轨。日本国内市场的开放程度远远低于世界市场，国内经济逐渐缺乏国外竞争者的挑战，提高生产率的动力和紧迫性消失。

第二，日本政府已给予国内众多的传统小企业大量的财政补贴，并奉行充分就业和维持稳定的经济政策，同时对外来市场投资者设置了较高的进入壁垒。这种政策不仅限制了自由竞争，还阻碍行业演进的步伐，严重地束缚了企业的积极性和创新创造能力。

第三，政府部门的过分干预导致企业成本升高，国际竞争力下降。

2. 企业管理与经营模式的落后

日本企业管理与经营模式未能随世界的变革和经济形势及时进行调整、改革与创新，普遍还是以经营者主导、终身雇佣制、年功序列制等为主。随着企业竞争国际化和全球化的发展，日本虽然保留了其企业制度中部分有价值的特色，但未进行创新的传统企业制度正在失去其往日的功效。

3. 泡沫经济的严重后遗症

日本泡沫经济崩溃最大的后遗症是银行金融系统的大量坏账。泡沫经济使日本的房地产业受到重创，因此，大量借款不能偿还，银行金融机构不良资产堆积如山，这是导致日本国家经济长期衰退的重要原因。

思考题

1. 请陈述日本的居住环境的现状。
2. 日本注重哪一阶段的教育？学校的教育设施如何？
3. 日本的医疗制度有什么特点？与日本人长寿有关吗？
4. 请列举一两个日本最显著的社会问题。

第四讲　日本传统文化

日本独特的地理条件和悠久的历史孕育了别具一格的日本文化。日本是一个非常重视传统文化保护和继承的国家，和服、花道、茶道、能乐、歌舞伎等古文化绵延至今，展现着东瀛文化的个性与魅力。

第一节　传统服装

日本的服装主要指和服（わふく），是日本服装的总称，后来专指其传统服装。由于日本传统服饰设计漂亮，款式多样，和服一直深受日本人的喜爱。现今和服实即古时之"小袖"（こそで），小袖的表着化始自室町时代，贵族的下着白小袖逐渐成为庶民的表衣，是日本传统民族服装。

一、传统和服与服饰

1. 十二单

具有代表性的和服就是日本皇族和贵族服饰十二单，又称女房装束或五衣唐衣裳，是日本女性传统服饰中最正式的一种。平安时代的10世纪后，开始作为贵族女性的朝服。按场合庄重与否来增加衣服的数量，有时可达到20件以上，超20千克，走路十分困难。而且几十件衣服的颜色搭配也按季节和仪式有着严格的规定，日本历史上衣物的色彩禁忌受中国的影响较大。

日本历史上曾定橘黄色、深红色、青色、深紫色分别为皇太子、太上皇、天皇、亲王的礼服用色，限制他人使用。尤其深红色和深紫色，更不准皇室以外的人使用，这种规定一直持续到1945年。2019年德仁天皇即位时，雅子皇后穿着由多种鲜艳色彩构成的层层叠叠的十二单参加仪式。

十二单

2. 木屐（下駄，げた）

日本木屐源自中国，是汉服足衣的一种，木屐齿被安装在鞋履底部，前后各一，呈直竖状。穿和服时必须要先穿袜子再穿木屐，这是一种礼节，但穿浴衣（ゆかた）时可光脚穿。在日本也有很多与木屐相关的惯用语，如"下駄を預ける（全权委托他人处理）""下駄を履かせる（虚报物价，考试送分）""下駄を履く（吃回扣，拿佣金）"等。可以看出这个服饰与日本人的生活息息相关。

3. 扇子（せんす）

扇子一词从"［扇ぐ（あふぐ）］派生到［阿布岐（あふぎ）］再发展成如今的"おうぎ"。扇子在平安时代是作为和服的配饰来佩戴的，而且日本人常常在扇子上写和歌、绣花，作为礼物来赠送。

4. 包袱布（風呂敷）

包袱布是日本传统上用来搬运或收纳物品的布，也就是我们所说的包袱皮，日语中"風呂"为"洗澡"，"風呂敷"就是诞生于澡堂的产物。相传在日本的室町时代也是服饰的一种，用来收纳。如今在京都街头仍可以看到使用包袱布的艺伎们。它不仅有防尘的效果，而且可以根据需要灵活改变形状和大小。被收藏在奈良市正仓院中的日本最古老的包袱布，就是用来包裹物品用的日本传统收纳工具。

二、传统和服种类与特点

日本最具代表性的传统民族服饰为"着物（きもの）"，也称为"和服（わふく）"或"呉服（ごふく）"。在中文里，通常用"和服"来统称日本的传统服饰。和服的历史源头可以上溯至绳纹时代的"貫頭衣（かんとうい）"，在飞鸟时代受唐朝文化影响较深。

1. 振袖（ふりそで）

"振袖"指未婚女性穿的最正式的长袖服饰。衣服最大的特点是袖子最长部分约达114厘米，可一直垂到脚踝附近。一般款式比较青春靓丽，多用于成人礼、婚礼等喜庆的场合。

2. 留袖（とめそで）

留袖分为黑留袖和色留袖。其款式特点是将"振袖"的袖子裁短。整体呈黑色的称为"黑留袖"，染色的称为"色留袖"。其中"黑留袖"是已婚女性最正式的服饰，"色留袖"是较平常的服装，未婚女性也可以穿着。

3. 浴衣（ゆかた）

"浴衣"是最随意的和服，原本是泡澡后穿的室内家居服。但由于浴衣的花纹、材料的改进，夏季庙会或烟花汇演时节，可以在室内外穿着。浴衣在穿戴方法方面比上述几种和服简易，且价格也比较亲民。

浴衣起源于平安时代，贵族们享受沐浴时，会穿麻布制成的"湯帷子"以防水蒸气烫伤。到了江户时代后期，随着棉制品的普及，"湯帷子"的材料也慢慢由麻变为棉。在"銭湯（せんとう，即公共澡堂）"的普及过程当中，越来越多人穿着"湯帷子"，其名称也被省略为"浴衣"。

4. 甚兵衛（じんぺい）

"甚兵衛"是男性在夏天穿的和服，与浴衣一样，一般在夏天烟花汇演时穿。其分为上衣和裤子，上衣用左右两边的细带系绑，不需专用腰带的复杂结系手法，任何人都可以简易穿着。其起源可上溯至战国时代的"陣羽織（ちんばお

甚兵衛

り）"，也就是打仗时武士、农民出身的士兵们穿戴的无袖披肩。武士的披肩是皮或较厚的布料所制，士兵的披肩则由便于活动的纯绵等材质制成。于是"陣兵羽織（ちんぺいはおり）"就用于指士兵的披肩。后来"陣兵羽織"在民间普及开来，其名称的汉字也演变为"甚平羽織"，进而省略为"甚兵衛"。

5. 作務衣（さむえ）

"作務衣"与"甚兵衛"外观相似，也是分上衣和裤子，用左右两边的细绳系绑穿着。但"甚兵衛"仅限夏季穿着，"作務衣"则有夏季和冬季两种款式。再则在袖口和裤脚部位，"作務衣"带有收束。这也符合作为休闲家居服的"甚兵衛"以及作为杂务服的"作務衣"各自的用途特征。溯其起源，本是禅宗院里的人打理日常杂务时所穿的和服，其设计十分便于活动。禅宗院里的杂务包括大扫除、砍柴等，称为"作務"，"作務衣"由此得名。原是男性专用和服，后来女性的"作務衣"也不少见。由于其穿着起来便于活动，不少人穿着它做家务或到近邻处购物等。

作務衣

6. 袴（はかま）

"袴"有两类，一种是像裙子一样，中间没有分隔的筒状"行灯袴（あんどんばかま）"，即灯笼裙，另一种是像裤子一样中间有分隔的"馬乘（うまのりばかま）"。

"袴"的起源可溯至古坟时代，当时的陪葬品"埴輪（はにわ，素陶器）"里可见身穿宽松裙的人物形象。在平安时代，宫廷当中身份较高的女官才可穿"袴"。而到了武士社会时代，则成为了武士的礼服。江户时代，除了宫中女官，其他女性不准穿"袴"。到了明治时期，"袴"一度被禁止，后来经过洋服推广时期以及国粹主义复苏时期的种种波折，最终在教师和男女学生之间普及开来。从明治30年开始，"海老茶式部（えびちゃしきぶ，泛紫的红褐色灯笼裙）"在女学生中流行，成为当时新的潮流。

"袴"还是七五三仪式、成人礼、毕业礼时常见的男女皆宜的正装。另外，神社的神职人员也穿着"袴"。

三、"着物（きもの）"和"浴衣（ゆかた）"的异同

1. 着物

着物的布料一般是棉、丝绸、麻、毛、化学纤维等，分为有夹里布（袷，あわせ）和没有夹里布（单衣，ひとえ）着物，而且穿着物时里面一定要穿长衬衣或半衬衣。

2. 浴衣

浴衣布料与着物相似，一般是棉、丝绸、麻、化学纤维等，布料比较薄，主要当睡衣或洗澡后的便衣。但也有高级浴衣，需要里面穿长衬衣或半衬衣，如："絹紅梅（きぬこうばい）""絞り""長板中形（ながいたちゅうがた）"等。

与浴衣相关的俳句很多，例如：
- おもしろう　汗のしみたる　浴衣かな——小林一茶（こばやし　いっさ）
- 旅籠屋（はたごや）に　浴衣のそろふ　廊下哉——正岡子規（まさおか　しき）
- わがまとふ　古浴衣風の　ごとしとも——山口青邨（やまぐち　せいそん）

上述俳句中的浴衣是季语，是日本俳句的重要组成部分。

四、和服与西服

现代日本人通常穿西装或便装。除了茶道、花道等传统技艺的艺师或相声演员、相扑等从事特殊职业的人以外，一般人只有在婚礼、成年礼、新年等特殊日期、特殊场合穿和服。和服的样式确立于日本奈良时代，江户时期

末期开始逐渐自由化。到了明治时代，皇族、军人、官员、学生的服装依次西化，洋装服饰渐渐普及并大众化。

第二节　传统住宅

大多数人印象中，日本人住在有"畳（たたみ）""障子（しょうじ）"的和式房屋。传统日式住宅通常以木造结构配上瓦屋顶，室内则以隔扇或纸拉门构成。

下面是日本传统住宅（房间）的几个特点：

1.玄关（玄関，げんかん）

日本房子的入口处设有玄关，是与房间有比较大落差的台阶，主要用于换鞋。

2. 榻榻米（畳，たたみ）

榻榻米是铺在和室地板上的草垫，相当于厚的草席。榻榻米一张（一帖）一般大小是1.8米×0.9米，日本人常常以榻榻米多少张来衡量房子的大小。虽然住房逐渐西洋化，但日本的住宅基本上都有榻榻米，因为用高级稻草制作的榻榻米可以起到防潮的作用。

3. 套廊，走廊（縁側，えんがわ）

日式传统住宅连接室内和室外的部分。当有邻居拜访的时候，可以不需要经过客套寒暄、脱鞋进门就可以与主人见面交谈，主人也不必专门穿鞋出门就可以迎接客人，端茶倒水。这里既不属于室内，又不属于室外，是交流的空间。

4. 隔扇（门）（襖，ふすま）

也叫作"襖障子（ふすましょうじ）"或"唐纸障子（からかみしょうじ）"。用木头做门框，两面贴纸或布做成的隔开和室房间与房间的推拉门。

5. 壁龛（床の間，とこのま）

壁龛是日本住宅中和室房间（榻榻米）里设置的放装饰品的空间，一般用花和壁画来装饰。

6. 浴室（お風呂，おふろ）

现代日本对生活必需品方面更加注重设计细节的合理性、便利性、舒适性、人性化，以满足高质量的生活追求。日本的浴室有和式、洋式、和洋混合式。浴室是每个家庭的必需品。再小的房子，浴室里一定要设浴缸，浴缸又是高保温设计，一个浴缸的水需要供一家人使用。日本人先坐浴或淋浴，洗净后汤浴，一家人洗浴后，为了环保和节约用水，浴缸水可抽取至洗衣机再利用。

7. 被炉（こたつ）

日本地震多发，房屋建造得比较轻薄，不利于暖气施工，也没有集中供暖。虽然有空调等取暖设施，但是日本人喜欢利用他们的取暖神器——被炉，因为可以让一家人围坐着进行交流。

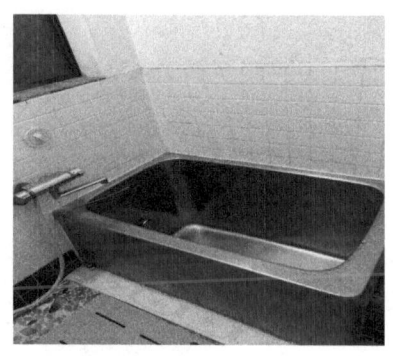
浴室

被炉

第三节　花　道

花道（いけばな）又称日式插花，属于插花中的一种，日本传统的插花艺术，是"活植物花材"造型的艺术。其发源地据说是圣德太子下令建造的六角堂。花道在日文汉字中为"华道""花道"或"生け花"。花道不单要表达花的美态，也是形神兼备品味造型的插花艺术。

1. 插花文化的渊源

中国文人插花对日本插花影响很大。特别是明朝的《瓶史》一书传到日本，受到许多人的揣摩研究，形成和发展了很多插花流派。例如，把三个主体花枝看成是天、地、人这三个主题。又如，创办于明治时代的未生流崇尚自然，富于写实手法，其中包含了中国的阴阳五行思想。

总之，不论是日本插花还是中国插花都属东方插花的范畴。它是以线条的变化为主，将人的思想转嫁在插花之中，表现出东方人的细腻、富有内涵的特点与文化。

日本和中国是"一衣带水"的邻邦，一贯来往密切。自隋唐时代随佛教一起传入佛前供花后，插花在日本生根、发芽，逐渐发展。日本的插花深受中国文化的影响，其风格和形式都留有佛教插花艺术的影迹。在15世纪以前，日本插花主要是佛教寺庙内僧侣中流传的佛前供花。相传6世纪时，日皇派遣使者小野妹子前来中国考察当时隋朝的佛教。看到中国佛教礼仪中有祭坛供花，使者后来就和日皇一起研究插花，学中国以花祭拜。

2. 流派

日本的花道有三千多个流派，其中最主要的流派有池坊流、草月流、小原流等。虽然不同的流派具有不同的特点，但是花道思想和基本造型均有着许多共性。

（1）池坊流

池坊流传统的最高花型是"立华"，它由佛前供花演变而来，是以一种抽象性的意念来模仿山水画，通过枝条的前后左右伸展，充分展现出大自然的韵律美感，具有超凡脱俗、严肃华贵的气质和造型。池坊流的传统造型具有一种典雅高贵的气派，枝条舒展，能充分展示东方之美。

池坊流作品

（2）小原流

小原流是江户时代中期（17世纪）新兴的插花流派，其造型讲究格律，并使用古典花器，一般是专用的竹花器或铜花器，并配有专门的花台，突出古典雅致和格律之美。

（3）草月流

二战前夕，由于西方插花的抽象造型原理的影响，突破固定花型的束缚，产生了"自由花"。这时期的代表流派为新兴的"草月流"。该流派宣称要创造特异的花型,不受形式的约束,也不理会草木自然生长的规律,甚至采用非植物的材料,尝试各种以构成美为目的的插花造型。

小原流

草月流

第四节 茶 道

日本茶道是在"日常茶饭事"的基础上发展起来的。它将日常生活与宗教、哲学、伦理和美学联系起来,成为一门综合性的文化艺术活动。它不仅仅是物质享受,更是通过茶会和学习茶礼来达到陶冶性情、培养人的审美观和道德观念的目的。正如桑田中亲所说:"茶道已从单纯的趣味、娱乐,发展为表现日本人日常生活文化的规范和理想。"16世纪末,千利休继承历代茶道精神,创立了日本正宗茶道。他提出的"和敬清寂",用字简洁而内涵丰富。"清寂"是指冷峻、恬淡、闲寂的审美观;"和敬"表示对来宾的尊重。

茶道是一种涉及广泛领域的综合艺术,其宗旨诞生于室町时代的茶人千利休(1522—1591年)。他将禅的精神引入到"茶之汤"中,重视追求纯净的精神境界。茶道中最重要的教诲是"珍惜一生只有一次的相遇"(即日语"一期一会")。也就是珍惜此时此刻,给予对方最高的款待。

所谓"茶道",乃是通过"茶之汤(茶の湯)"修养身心,探究与人交往的礼仪之道;也是一种将烧水、沏茶、品茶融为一体的艺术之道。茶道思想的根本是主人与客人融为一体,在寂静的茶室空间中,通过与他人进行心平气和的心灵交流,重新审视自己的内心世界,升华精神。

日本茶道发扬并深化了我国唐宋时期的"茶宴""斗茶"之文化涵养精神,形成了具浓郁民族特色和风格的民族文化。

茶道非常注重礼仪、礼节。按照茶道传统,宾客应邀入茶室时,由主人跪坐门前表示欢迎,从推门、跪坐、鞠躬以至寒暄都有规定礼仪。

日本茶室有一个高66厘米,宽63厘米,称为"躙口"的供客人使用的狭小出入口,这是一个颇有仪式意味的环节,任何人都要匍匐进入,代表茶室的内部空间是和平而又平等的。另外,将"躙口"闭合,茶室便成为一个"密室",人便在这个与尘世隔绝的环境中达到一种主客之间物我两忘的交流的至高境界。这"躙口"诉说了一种"平等精神"。换言之,进入茶室之前,要抛去身份的高低贵贱,回归本色。

日本文化精髓暗藏于日本茶室之中,茶室中的一物、一景、一叠、一树、一水等都代表一种境界,是日本生活美学与生活方式的一种表现。

第五节 歌舞伎和艺伎

一、歌舞伎(かぶき)

歌舞伎源于"倾く(かぶく)"此字的连用形。由于动词"倾く"的意思是"超出常规"。日语中,将引人注目的动作、服装称为"かぶき",而这样的人称为"倾奇者(かぶき者)"。因此贴切地用了同音的三个汉字:歌(か)、舞(ぶ)、妓(き)来为这种表演者命名,"歌舞妓"一词因而诞生。在宽永年间,"伎"字取代会让人联想到妓女的"妓"字。

歌舞伎

歌舞伎从民俗发展成当今日本的国粹文化。

歌舞伎综合了很多种世界上其他地方没有的舞台技术,包括一个从主舞台延伸到观众席的走道(花道)、一个用于场景变换的旋转舞台和一个可以将布景上升至舞台上的地板门。演员们穿着华丽的服装，搭配色彩鲜艳的妆容，在三味线音乐的伴奏下，进行着令人眼花缭乱的、富有感染力的表演。

歌舞伎的主题大致有两类：一是描写贵族和武士的世界，二是表现民众生活。剧目可分四种："义大夫"狂言和"时代物"狂言，是借古喻今的历史剧；"世话物"狂言，是描写庶民生活和爱情的故事剧；称作"所作事"狂言的舞蹈剧，内容涉及忠孝仁义等道义，对一般市民进行勤俭、行善、惩恶的道德教育。歌舞伎的演出内容，分为历史上武士故事为主的"荒事"和民间社会男女爱情故事为主的"和事"。

歌舞伎与能、人形净琉璃（"文乐"）并称日本三大国剧。歌舞伎与中国京剧素有"东方艺术传统的姊妹花"之称。歌舞伎注重和观众的交流，延伸到观众席的"花道"是演员登台的必经之路，产生了演员和观众合为一体的效果。

二、艺伎（げいしゃ）/舞伎（まいこ）

日本艺伎产生于17世纪的东京和大阪。最初的艺伎全部是男性，他们在妓院和娱乐场所演奏传统鼓乐，以说唱逗乐为生。大约1750年，出现了第一个女艺伎。18世纪中叶，艺伎职业渐渐被女性取代，这一传统也一直沿袭至今。

艺伎最字面的翻译是"艺术家""表演艺术家"或者是"技工"。

学徒中的艺伎通常被称为舞子或舞伎，字面上是"初生牛犊的舞蹈者"或是"半玉（はんぎょく）"。白色的妆容、精致的和服以及岛田发型都是艺伎最受欢迎的形象特征。

艺伎行业的门槛很高，除了要掌握传统日本舞、传统歌谣、演奏三味线（しゃみせん）技艺外，甚至还要精通茶道、吟诗等。时至今日，艺伎在日本仍是受到人们尊重的职业。艺伎不是"艺妓"，她们卖艺不卖身。

第六节 相 扑

相扑是日本摔跤形式的竞技项目。它同日本神道教有渊源。在现代，仍存在许多传统仪式。每年举办六场全国性相扑比赛，每次15天，其中三场在东京举行，其余则在大阪、福冈和名古屋举行。

相扑运动是在695年开始的竞技项目，17世纪兴起了"职业相扑"，20世纪初以日本的国技姿态广泛开展，现发展成具有日本民族特点的国技。

据日本《相扑之始》记载，日本的相扑来自唐朝时期的中国。日本历史考古学家池内宏和梅原末治合著的《通沟》一书也说，日本的相扑同中国吉林省辑安县出土的3—5世纪古墓壁上的角抵图极为相似；同中国唐宋时代的相扑比赛形式和规则也近似。

现代的相扑运动，技巧进一步提高，规则更加严格，而且逐渐转向商业化。近代以来相扑运动出现了新的变化。一是日本女子正式加入了这项运动。1997年1月，日本全国首次举行了女子相扑锦标赛。据720年编撰的《日本书纪》的记载，雄略天皇即位时"令宫女脱其衣，去其裙，着以兜挡，令相扑之"。二是日本正在兴起业余相扑运动，业余选手大部分都属于学校和公司的相扑俱乐部。

相扑是指两人在土表中角力的一种格斗技，一方将对手扳倒或推出土表外即为胜者。比赛时近乎全裸的两名选手在直径4.55米的圆形"土俵（どひょう）"上扭在一起，进行角逐。

相扑运动有75种基本技术，其中5种最为常用。比赛中最高尚的制胜技巧叫"寄切"，相扑手抓住对方的"回"，抱起对方，推出场外。

相扑运动员的分段有10级，最高段是横纲，一年不超过4个。其次是大关，横纲与大关即使在一个场所败北，也能保持原来的等级，但连输两场，大关降级，横纲则退休。再其次是关胁、小结、前头、十两、幕下、三段、序二段、序之口。相扑手具有森严的等级制生活，连吃饭、上厕所、洗澡，也要根据等级地位列出严格的先后顺序。

相扑手必须从小进入相扑协会，通过包括思想修养、饮食、相扑技术、运动医学、生理学及汉诗的学习等严格训练方能参加比赛。相扑运动员的培养依靠"部屋（〇〇べや）"。日本相扑协会下设49所部屋，部屋的最高领导叫"親方（おやかた）"（即师父）。亲方一般由退休的著名力士担任，他对相扑协会负责，同时教授弟子相扑技艺，每年从全国小学生中选招学员，一旦选中，只要家长同意，吃、穿、住全由"部屋"负担。

思考题

1. 请列举陈述你喜欢的日本文化。
2. 日本文化与日本人的思维模式有什么关联？
3. 请找出日本文化中的中华元素。
4. 日本传统文化有哪些？请列举一两个并说出其具体特点。

第五讲　日本饮食文化

第一节　概　述

"日本食（にほんしょく）"指的是在日本可吃到的所有食物。"和食（わしょく）"指日本传统的怀石料理、乡土料理等，还包含与这些食物相关的食器、饮食礼仪等文化内涵。日本的"和食"在2013年被载入联合国教科文组织非物质文化遗产。

日本饮食文化的最大特色是"生"和"鲜"，日本人的饮食习惯似乎甚少有"进化"。在日本人的观念中，新鲜食物是营养最丰富的，体内所蕴含的生命力也是最旺盛的，因此他们认为任何生物的最佳食用期是它的新鲜期。日本人喜欢将食物生吃，不仅生吃各种蔬菜和植物，而且生吃鸡蛋、鱼、肉。因为，能生吃的东西必是新鲜的东西，他们同时认为，唯有新鲜的东西才能生吃。按照现代医学观点，新鲜有助于卫生，时鲜则有助于健康。因为，"时鲜"之际，生长激素最旺盛，营养价值当然最高。日本饮食文化另一特点是爱好杂食。"杂食"是人类独具的一种特性，是人维持生存的一种重要手段。正是这种特性，使人类在"物竞天择，适者生存"的进化规律中成为强者。被称为"世界第一杂食族"的日本人在饮食结构中反映了其精神结构、社会结构及认识事物的方式，同时反映了日本的文化性格和文化特色。日本人认为，万事万物均以"平衡"为第一要义，各种食物均有"阴阳"之分，所以始终贯彻杂食原则以保证"阴阳"的平衡。因此，他们主动并注重了解食物的性味，以帮助调节身体的阴阳平衡。

第二节　日本代表性食物

1. "年节"菜肴（おせち料理）

"年节"菜肴，也叫作新年菜肴，是庆祝新年时吃的食物。"おせち"原

本是季节转换的节点供奉神灵的"お節（御节）"，后来人们渐渐在除夕食用，如今发展到限定在新年吃。日本每年的春节是1月1日，叫"正月"，也就是新年。这一天，一家人一同享受"年节"的料理，也就是日本的过年菜。过年菜一般都是事先做好或者买好的冷菜，会从正月初一吃到正月初三。"年节"菜肴一般装入五层相叠的漆器食盒中，菜名均与"缘起（えんぎ，兆头）"有关，因为日本人非常重视兆头。比如，鱼子，日语叫作数子（かずのこ，鲱鱼卵），是"子孙满堂"的双关之意，含有祈愿家里"子孙繁荣，多子多孙"的寓意。黑豆，具有驱邪之意。"豆"日语叫作"まめ"，既有健康的含义，又是"勤劳（まじめ）"的谐音，有祈愿"在新的一年能健康成长，勤劳工作"之寓意。"年节"菜肴的习俗来源于古时的日本信奉中国的"阴阳五行说"。在日本过节的时候，都会举办叫作"御节供"的仪式，精心准备食物供奉神灵，后来简称为"御节"（おせち），如今"御节"一词已成为新年菜肴的代名词。

"年节"菜肴

2. 寿司（すし）

寿司是日本传统美食之一，其主要材料是用寿司醋调味的维持在人体体温的饭块，加上鱼肉、海鲜、蔬菜或鸡蛋等配料。"寿司"的语源来自"酢飯"（すめし），其中的"酢"意为"醋"，即加了甜米醋（酒）的饭，后来发音中的"め"脱落，只剩下"すし"，剩下这两个音节则渐渐用汉字来替代。如，"鮨""鮓""寿司"，其中"鮨"的意思是"美味的鱼"，"鮓"的意思是"切薄的鱼"。"寿司"中的"寿"在日语中意为"吉祥喜庆"，"司"意为"掌管"，两字均带有好兆头,可以看出受中国汉字的影响极大。

寿司

3. 生鱼片(刺身,さしみ)

日本料理以生鱼片最为著名,它堪称是日本菜的代表作。生鱼片又称鱼生,古称鱼脍、脍或鲙,是以新鲜的鱼贝类生切成片,蘸调味料食用的食物总称。生鱼片在日语中写作"刺身(さしみ)","刺身"是将新鲜鱼切片后直接生吃的简约料理。"刺身"的名称来源于"切り身に刺す"("切り身"意

生鱼片

为"生鱼片","刺す"意为"插"),后来此习惯渐渐淡化消失,仅留下"刺身"的名称。而"刺身"这个名称与"身を刺す"(为"刺入身体")等不吉之意相关联,因此在关西地区,生鱼片也称为"お作り"。生鱼片起源于中国,有着悠久的历史,后传至日本,成为很受日本人欢迎的食物。

4. 荞麦面（そば）

荞麦面由中国传到日本并成为日本人所喜爱的大众面食之一。日本荞麦的主要产地在长野县信州一带,日本的三大著名荞麦面分别为信州户隐（长野县）荞麦面、出云（岛根县）荞麦面、碗子（岩手县）荞麦面。每年的12月31日是日本的除夕夜,这一天,日本人一般吃"除夕荞麦面（年越しそば）",一是借荞麦面的绵长寓意祈求延年益寿,二是借荞麦面易断的特点希望把旧年的厄运在此切断,以迎接全新的一年。

5. 天妇罗（天ぷら）

在日式菜式中,用面糊炸的菜统称"天妇罗"。天妇罗是日本人从葡萄牙人的油炸食物那里得到灵感并发展而来的深受日本人喜爱的日本特有的食物。天妇罗的最大特点是明亮、酥脆、多汁且没有油腻感。

天妇罗

第三节　日本料理

一、起源

日本料理起源于日本列岛,逐渐发展成为独具日本特色的菜肴。日本料理要求色自然、味鲜美、形多样、器精良,而且材料和调理方法重视季节感。

日本料理主要分为两大类:日本和食和日本洋食。当提到日本料理时,许多人会联想到寿司、生鱼片,这些日本人自己发明的食物就是"和食";另外,源自印度的日式咖喱、源自法国的日式蛋包饭、源自意大利的日式那不勒斯意大利面、源自中国的拉面等则被称为日本"洋食",即表示从外国引进,但是经过日本改造成为日本料理的一种。其中日本改造的中国菜（日式拉面、日式煎饺、天津饭、唐扬鸡块等）又因为起源于中国，而中国不属于西洋，所以常被叫作"日式中华料理"。

日本传统和风料理摆设非常精致，对许多日本人来说，日本料理是日常的传统饮食，特别是指在明治时代末期所形成的饮食。传统的日本料理主食是米饭，然后再配上其他菜肴——鱼、肉、蔬菜、酱菜，以及汤类。料理的名称则用这些菜肴的数目来命名。例如，最简单的日本餐是"单菜餐"（一汁一菜，いちじゅういっさい），内容是一碟酱菜（通常是腌萝卜，腌制时放入黄色或粉色的食用色素，所以通常说黄腌萝卜或粉腌萝卜）。最常见的料理叫作"三菜餐"（一汁三菜，いちじゅうさんさい），有汤、米饭和用不同烹饪方法煮出来的菜。这三碟菜通常是一碟生鱼片，两碟菜（可能是烤菜、水煮菜、蒸菜、炸菜、醋菜，或是淋上酱料的菜）。"三菜餐"往往会另外附上酱菜以及绿茶，一种很受欢迎的酱菜是梅干。

日本人喜爱一汁三菜的理由之一是这样的饮食搭配非常健康。在这种饮食搭配中，米饭提供作为身体能量源泉的碳水化合物；汤为身体提供水分；菜为身体提供其他维生素及营养成分，从而保证营养均衡。多种营养成分交替进入胃中，混合在一起，从而更易于消化吸收，非常有益健康。

另外，由于日本是海岛型国家，日本人相当喜爱海产品，如鱼、贝类、章鱼、虾蟹类和海草等，主食以米饭、面条为主。和食以清淡著称，烹调时

一汁三菜餐

尽量保持材料本身的原味。

在日本料理的制作上，要求材料新鲜，切割讲究，摆放艺术化，注重"色、香、味、器"四者的和谐统一，不仅重视味觉，而且更重视视觉享受。

二、日本和食的分类

日本和食主要分为三类：本膳料理、怀石料理和会席料理。

1. 本膳料理

本膳料理是以传统的文化、习惯为基础的料理体系，源自室町时代。一般分五菜二汤到七菜三汤不等。烹调时注重色、香、味的调和，亦会做成一定图形，以示吉利。正式的"本膳料理"已不多见，大约只出现在少数的正式场合，如婚丧喜庆、成年仪式及祭典宴会的仪式上。

2. 怀石料理

怀石料理原本是在茶会前进食的简单饭菜，是茶道创始人千利休在安土桃山时代确立茶道的过程中，为避免空腹受到茶水刺激，能够更加美味地品尝茗茶而设的饭席形式。怀石料理的制作方法因茶道流派而异。怀石料理虽原是在日本茶道中主人请客人品尝的饭菜，但现不限于茶道，已成为高级日本料理。如今，有众多日式餐馆提供怀石料理供客人享用，而专为茶席而设的怀石料理则专称为"茶怀石"以示区别。怀石料理重视"时令食材""原汁原味""无微不至地为食客着想"这三大原则，充分反映了千利休简朴娴静的思想。

怀石料理

第五讲 日本饮食文化

怀石，顾名思义是"怀中抱着石块"。以前修行中的僧侣一天只吃一顿，难免饥肠辘辘、体温下降，于是抱住热石块以应对寒冷。"怀石"两字则由此引申出"用少量简素的食物来填肚子"的含义。

怀石料理饭席上的主人（或餐馆老板）和客人都要遵守严格的礼仪。主人要重视季节，拟定饭席当令的食材菜单，最大限度发挥食材的色香味，而且不可浪费食材的头尾边角料。热菜要用热餐具，冷菜要用冷餐具，这样才能在端菜过程中也继续保持菜肴的鲜美。菜单中海产、山林野味的菜品素材不可重复，较难咬动的食物要用刀在不起眼的地方割划好以方便客人食用，骨头多的食物要耐心地去骨后再提供给客人。餐具以及装盘搭配也要认真构思。客人也要遵守一定礼仪，例如，吃鱼时要从头靠背部的部位开始一块一块地吃，一面吃完后也不要将鱼翻身，要将鱼骨架去除，再吃另外一面。吃生鱼片时，不可将芥末融入酱油，应将芥末沾在生鱼片一侧，酱油沾在另一侧后食用。炖煮的食物（如芋头）比较滑，可用一只筷子扎住，另一只筷子夹住后食用。烤串类的食物，不可整串拿起食用，应抽出竹签后，用筷子将食物切成小块后食用。

怀石料理只限于用应季的食材，在重视季节感的同时，主人会最大限度利用食材的色泽、香味和味道，同时非常重视体贴关怀的提供方式。做菜单时，注重合理安排山珍和海味的排列，面对鱼刺较多的鱼也会剔得极为仔细。

如上，怀石料理"不以香气诱人，更以神思为境"体现了日本料理的美轮美奂之特点，因此成为如今具有代表性的日本料理之一。

3. 会席料理

会席料理是日本具有代表性的宴请用料理，是宴席上所有料理的总称。会席料理是在江户时代中期的料理茶馆中产生的。会席料理随着时代的变化也在不断地调整自身的形式和内容。一开始会席料理的基本规格是三菜一汤，后来规格越来越大，从三菜两汤、五菜两汤，到九菜三汤，种类也越来越丰富，而且色、香、味、器、形也十分讲究。会席料理的菜肴会按菜单顺序一道一道上桌供客人享用。

随着日本普通市民社会活动的发展，出现了料理店，形成了会席料理。会席料理是以本膳料理和怀石料理为基础简化而成的，其中也包括各种乡土料理。会席料理通常在专门做日本菜的饭馆里可以品尝到。

会席料理

三、日本料理的特色

日本料理烹调的特色着重自然的原味，不容置疑，原味是日本料理首要的精神。其烹调方式从数小时慢火熬制的高汤到调味与烹调手法，均以保留食物的原味为前提。

日本料理的美味秘诀，基本上在于以糖、醋、味精、酱油、柴鱼、昆布等为主要的调味料，除了品尝香味以外，味觉、触觉、视觉、嗅觉等亦不容忽视。

除了以上烹调特色以外，吃也有学问，一定要遵循热的料理趁热吃，冰的料理趁凉吃的原则。如此便能够在口感、时间与料理食材上相互配合，达到绝妙的口感。

日本料理是用眼睛"品尝"的料理，更准确来说应该是用五感来"品尝"的料理。说到能尝到什么味道，首先是甜酸苦辣咸五味，并且还需具备黑白赤黄青五色，五色齐全之后，还需考虑营养均衡。日本料理由切、煮、烤、蒸、炸五种基本的调理法构成。和中国料理相比，日本料理的烹饪方法比较单纯。日本料理是把季节感浓郁的食材以五味（实为六味，第六种味道是淡）、五色、五法为基础，用五感来品尝的料理。

日本料理是世界公认的烹调过程最为一丝不苟的国际美食，这也造就了日本料理精致而健康的饮食理念。

日本料理是以传统的文化、习惯为基础的料理体系。日本料理选择的材料以新鲜的海产品和时令新鲜蔬菜为主，具有口感清淡、加工精细、色泽鲜艳、少油腻等特点。日本料理以鱼、虾、贝类等海鲜品为烹、食主料，味鲜

第五讲 日本饮食文化

带咸，有时稍带甜酸和辣味。清淡、不油腻、精致、营养，着重视觉、味觉与器皿之搭配，是日本料理的特色。

四、日本餐具的特点

日本人沿袭中国古代时的说法把筷子称为"箸"，这是日本用餐时的必需品。有句日语谚语"箸に始まり、箸に终る"（从筷子开始，以筷子结束），指的是筷子的重要性。因此，日本人对于筷子使用方法的禁忌有很多，比如不能用筷子在碗底翻腾、扎取食物，不能把筷子放在嘴里吸吮等。

日本料理店所用的餐具种类多、体积小。餐品摆放时鱼类面朝左边摆放，尾部稍偏离主餐；炖品与最大的餐品摆放于碟子的后方；盆装的食物，例如，天妇罗和寿司，与每一类分组食物摆在一起。

日本料理的考究也体现在它的季节性，不同季节选用的食材不同，呼应器皿不同，器皿上的图案也不同。器皿的拼摆多以山、川、船、岛等为图案，并以三、五、七单数摆列，品种多，数量少，自然和谐。器皿有方形、圆形、船形、五角形、仿古形等，多为瓷制和木制，典雅大方，兼具实用性与观赏性。

总之，日本料理摆盘精致，既体现了不对称美，又奉行极致简单的风格。日本料理追求的不仅是味觉的饕餮盛宴，还有视觉艺术上的品位。

第四节 便当文化

据说"弁当"（便当）一词源于南宋时代的俗语，"便当"传入日本后，意思是"便利的东西，方便，顺利"。曾以"便道""辨道"等表记，由"弁えて用に当てる"的意义而来。不过在中国，"便当"一词和便当本身都已经不常见，相反，"弁当"在日本生根发芽并被进一步发展成了日本特有的文化。"便当"一词后来反传入中国就是源于日语的"弁当"。

一、便当的由来

日本的便当历史悠久，最早出现在古坟时代（大约4世纪至6世纪之间），那时的便当还很简单，就是把做好的米饭在阳光下晒干，叫作"干饭"，具有不易变质，便于携带，可以立即食用的优点。在战国时代成为武士在战场上的军粮。桃山时代（16世纪下半叶左右）出现了现代便当的雏形，即把饭菜摆在专门的便当盒子的便当。当时的大名和贵族经常在赏花和看红叶时携

· 59 ·

带便当。

到了江户时代（17—19世纪）这个天下太平的时代，便当变得更加普及的同时，也成为了一种高尚文雅的文化。日本现在最常见的"幕之内便当"也是在这个时代开始出现的。幕之内便当是当时在剧场观赏歌舞伎及能乐表演时，供幕间休息时食用的。当时的幕之内便当的确非常实用，握好的米饭都是扁圆扁圆的，一口一个刚刚好，吃起来方便。菜肴也都是炖煮、熏烤的食品，不用担心很快坏掉。

明治时代，由于学校及工作地点不提供午餐，饭馆也不发达，因此人们都会携带便当上学或工作。而在车站出售的便当"駅弁"也是这个时期出现的。

第二次世界大战后，各学校开始提供午餐，日本人出行携带便当的习惯开始渐渐减少。20世纪70年代后半期开始，便当以外卖这一形式重新登场。2003年，在机场贩卖的便当"空弁"引发热潮。2008年经济危机之后，下滑的日本经济促使日本人的节约意识渐渐增强，更多人开始自己带便当上班。伴随着人们的这种生活方式变化，各种各样的饭盒出现，介绍便当做法的料理书也卖得越来越多，吃便当已成为日本日常饮食生活中不可缺少的一部分，也变成了一种时尚。

二、便当的特点

很多人认为日本的便当就是我们通常所说的盒饭，其实不然。我们的盒饭大多都是简单的家常菜，里面的每一种菜都是没有"造型"的。但是日本的便当不同，就像其他的日本菜与中国菜的区别一样，它十分讲究一个"型"字。中国菜讲究色、香、味，其中"味"是重点，基本不考虑菜的造型，后来随着经济的发展才有所关注。而日本菜不同，它讲究色、型、味，一个"型"字的区别，日本饮食文化的特征就出来了。日本菜肴虽不讲究吃出什么滋味，但很注重"型"，这可能跟日本土地面积不大而人口多，保护、不破坏自然景观是自古以来的风俗有关。在整个饮食环境里，处处洋溢着含蓄内敛却依然让人不可忽视

便当

的美。而重视历史的日本人更是把古人的饮食习惯完整地继承下来。

虽然便当在日本人生活中的角色和我们的盒饭差不多，但是因为它讲究"型"，一份简单的便当需要花不少时间来制作。而且日本便当不能认为只是一个简单盒饭，它是代表一位母亲对家庭的爱和对孩子们的关心。小孩小的时候妈妈们绞尽脑汁制作能让孩子们有食欲，吃得高兴的卡通便当。当今社会非常流行"亲手做的东西"，因此日本除了有非常流行的妈妈便当、爱妻便当、爱情便当以外，还有非常有人气的季节限定便当、车站便当等。

除了上述便当外，日本的便当种类很多，除了我们熟知的寿司便当，还有幕之内便当、公司便当、24小时便利店便当等。现在的便当在日本不但是上班族的午饭，也是人们郊游时的必备。日本的便当店遍布全国各地，为了方便出租车司机以及喜欢夜生活的顾客，24小时营业的便利店（コンビニ）遍布城市与农村。便当的价格不一，但便利店的便当价格比较合理，种类也非常多。

无论是学生、上班族、旅游者，便当对于每个人来说都是方便携带、营养丰富的存在。便当已经成为日本饮食文化的一部分，它深深扎根于百姓的日常生活中。便当作为日本的一种食品文化，它并不是单纯地反映日本人的一种饮食习惯，同时也反映了日本人为人处世的一种态度和追求。

思考题

1. 日本料理有什么特点？
2. 举例说明日本饮食与健康的关系。
3. 你怎么看日本的便当文化？
4. 中日饮食习惯的最大区别在哪里？
5. 谈一谈日本的代表性食物，以及日本人的饮食习惯。

第六讲　日本传统节日

第一节　日本新年

日本新年指的是日本以及世界各地大和民族的新春，是大和民族一年当中最重要的节日，又称正月（しょうがつ）。正月本来是农历的一月，明治维新后改用公历，正月则用于称新历的1月1日至1月3日。农历的正月则称为"旧正月"，现在日本大多数地方不庆祝旧正月。另外，很多年轻人已不清楚或不懂农历的说法。

一、新年习俗

迎接新一年的来临对日本人来说是一件大事，从12月中旬开始，每家每户都对神龛、佛檀以及家中的房间等各个角落进行清扫，除去一年中积下的灰尘，干净地迎接"年神"，以祈求"年神"赐予更多的保佑。

新年到来时，许多日本人会穿着传统的和服去寺庙或神殿听钟声。庙殿中的钟会敲响108下，据说听钟声还会净化人们的心灵。庙殿会给每一个来访的人一张白色的纸条，纸条上的话启示人们在新的一年中将发生的事，人们看过后会将这些白色纸条挂在庙殿旁边的树上。

新年期间，小孩会从长辈那里收到压岁钱（お年玉，おとしだま）；而大人们则在12月开始就互送新年贺卡（年賀状，ねんがじょう），邮局保证所有的贺卡会在新年当天送到人们手中。

1. 吃河豚

河豚在日语中的发音是"ふぐ"，与"福"（ふく）的发音相近。到了新年，为了祈求全年的幸福，很多日本人在新年到来后去买河豚，加工后拿回家食用。新年吃河豚，在日本传统中代表着吉利。

2. 贺年卡（年賀状）

"年賀状（ねんがじょう）"就是我们中国的贺年卡。在新年到来之际，

日本人习惯用贺年卡给朋友送去新年的问候和祝福。从小学开始直到老年，贺年卡的枚数就是朋友的总和，开始逐渐增多，最后逐渐减少。朋友可能几十年不能见面，但互送贺年卡不会间断，并用这种方式来互相了解对方的近况。如当年家里有人去世，则不会寄也不希望收到贺年卡，所以一般在11月份之前就会用明信片的形式通知所有的朋友家里有丧事。

日本人每年每户平均要寄出上百张的贺年卡，同时也会收到上百张贺年卡。随着计算机的普及，打印机逐渐代替了毛笔。但是讲究细节的日本人为了表示

日本贺年卡

礼貌，即使是打印的贺年卡上也要亲笔写上一句吉利、表示鼓励或者报告近况的话语。

跟中国一样，贺年卡也带有抽奖的号码。邮政省还大量发行绘有年肖的"贺年邮票"。无论是个人还是团体之间，新年互赠贺年卡成了最热门的祝贺方式，日本人称它为"飘舞的风筝"，遥致深情。

3. 压岁钱（お年玉）

正月期间，人们要给子女以及亲戚家的孩子一些压岁钱，日语叫作"お年玉（おとしだま）"。日本人装压岁钱的红包款式多样，但红包很小，压岁钱金额也小，一般是3000日元左右。

4. 大晦日（おおみそか）

大晦日就是一年的最后一天。通常这一天大家到中午为止就把所有过年的准备工作做完，到傍晚一家人团聚开始围炉过年。大晦日的食品有荞麦面，称为"跨年荞麦面（としこしそば）"，就和我们中国过年吃饺子的习惯相似。吃"跨年荞麦面"有祈求家人长寿之意。

5. 正月料理（おせち料理）

在日本，到了新年这一天，一家人一同享受一种叫作"御节（おせち）"

的料理，也就是日本的过年菜。过年菜一般都是事先做好或者买好的冷菜，会从1月1日吃到1月3日。

以前都是年前家人聚在一起做新年的"御节"料理，但现代人由于繁忙，所以很少有人在家里做这些料理了。日本的"御节"料理种类繁多，做法也很讲究，所以对上班族来说也是很难做到的事。因此，每年从12月起，电视、杂志等各种媒体会投放"御节"料理的广告。

另外，"おせち"一词来源于"五节句"，当时的"御节供"别名又叫作"五节句"，代表一年中五个重要的节日，分别为1月7日（人日）、3月3日（上巳）、5月5日（端午）、7月7日（七夕）、9月9日（重阳）。御节料理中的菜名均与"缘起（えんぎ）"（兆头）有关，因为日本人非常重视兆头。

在第四、五讲中提到过日本人在日常的衣食住行中都有许多的讲究。御节料理当然不例外，其讲究极多，也具有特别之处。让很多外国人最吃惊的是御节料理全部都是冷菜，并放在冰箱里，吃的时候才拿出来。原因是日本人认为在正月初一到初三是和神灵在一起的，如果烧火做饭会惊动神灵，很不吉利。因此宁可吃"冷饭菜"，为讨个吉利也要这么做。在现代，这样的传说转变成由于一整年主要是母亲和妻子做饭，很辛苦，到了过年人们认为应该让她们好好休息，所以在新年大家都有"不做饭"的说法。

御节料理都是装在外观漂亮的漆盒里，这种漆盒叫作重箱（じゅうばこ）。不是表示箱子重，而是表示堆叠。因为日本人认为幸运和缘分就是一重一重地堆叠在一起的。传统的御节料理会用五层漆盒来盛装，叫作"五段重"。分别为"一の重""二の重""三の重""与の重""五の重"。因日本人忌讳"四"数字，所以用同音"与"字来代替。每一重（层）里摆放的食物都有比较具体严格的规矩，如：

"一の重"为"祝い肴"，指庆祝菜肴，一般使用一些代表吉祥幸福的食材。

"二の重"为"酢の物・口取り"，指醋物，醋料理与开胃菜。

"三の重"为"焼き物"，指烧烤。

"与の重"为"煮物"，指煮物。

"五の重"为"控えの重"，指什么都不放，是空的。据说有"まだまだ幸せが詰められますよ（还有很多幸福可以装）"一说和"神様から授かった福を詰める場所として空っぽにしておきます（这里要装神即将赋予给我们的幸福)"一说。

到了现代,由于人们的工作、家庭人口的变化,御节料理以"三段重"为主流。第一重料理的种类最多,第二重和第三重主要有鲷鱼等用烧烤等烹调方法做成的主菜"烧き物"和昆布等"煮物"为主的主食。第二重里所放的食材基本决定了御节料理本身的价位。常见的代表性菜肴有以下几种:

(1) 鲭鱼子(数の子,かずのこ)

鲭鱼子是指鲭鱼的卵,有"孩子很多"的双关之意,人们用以祈愿"子孙繁荣,像鱼卵一样多子多孙"。一提到御节料理的特点,首先提到的是鲭鱼子。

鲭鱼子

(2) 黑豆(黑豆,くろまめ)

黑色之豆具有驱邪之意。而"豆"在日语叫作"まめ",既有"健康"的含义,又和"勤劳"(まじめ)的日语同音,是为了祈愿"在新的一年能健康成长,勤劳工作"而定的食材。

(3) 红白鱼糕(蒲鉾,かまぼこ)

红白鱼糕的颜色代表着日本人最喜欢的两大颜色:红色和白色。红色代表可以去邪除魔和喜庆,而白色是代表洁净神圣。因此红白鱼糕也是日本人认为非常有吉祥兆头的食材。这与日本的国旗色(红色和白色)也有很大关联。此外为了庆贺新年,每年12月31日晚NHK电视台举办的娱乐节目就叫作《红白歌会》。

红白鱼糕

（4）鱼干（田作り，たづくり）。

鱼干即沙丁鱼的幼鱼。讲究每一条小鱼即使很小也要"有头有尾"，即有始有终之意。因为古时的日本常用沙丁鱼的幼鱼作为田地的肥料，所以叫作"田作り"，这道菜还有祈愿五谷丰登之意。特别是在日本的关东地区，鱼干是在各种节庆的场合常有的料理之一。

（5）伊达卷（伊達卷，だてまき）

对于日本人来说，伊达卷有特殊的意义——它是正月里的"御节料理"中必不可少的一部分，正如许多中国人过年必吃饺子，日本人过年也必食伊达卷。因为伊达卷看起来就好像卷起的书，象征着文化、学问，寓意新的一年里学业有成，逢考必过。在象征初升之日的红米、象征驱除邪恶的黑米和象征清净的白米所做的食物之间，摆着黄色的伊达卷，从色彩搭配上来说，也是一种视觉的享受。

（6）栗泥（栗金团，くりきんとん）

御节料理的栗泥，寓意"金黄中闪耀的财宝"，是祈愿在新的一年里能够发财之意。在古时的日本，栗子是象征尊贵地位的料理。栗泥是用栗子做成的和果子，作为御节料理的甜点食用。

（7）鲷鱼（鯛，たい）

鲷鱼在日语中读作"たい"，因为与"めでたい"（意为：喜庆，吉利；圆满，顺利）谐音，加之本身是红色的，是喜庆的象征，所以是日本人的御节料理中不可缺少的一种。御节料理里的鲷鱼通常使用一种叫作"西京烧"的烹调方法。这是一种来自京都的传统调理法，使用口味偏甜的白味噌腌渍鱼类后，加入少许的清酒烧烤而成。

（8）虾（海老，えび）

虾在日本代表长寿，寓意为"活到腰都弯了"。而且虾熟了是朱红色，和上面介绍的红白鱼糕一样有"驱邪除魔"之意。

（9）青甘鱼（鰤，ぶり）

在日本有许多伴随着自身的成长，名字不断变换，价格也不断上升的鱼种。青甘鱼正是这种有代表性的食材。在御节料理中放入青甘鱼，有祈愿"出人头地"之意。

（10）海带卷（昆布卷，こんぶまき）

昆布与表示喜悦和开心的日语"喜ぶ（よろこぶ）"的发音相似，为了祈祷在新的一年都能欢欢喜喜、吉祥如意，昆布卷在御节料理中是不可缺少的"煮物"。

（11）莲藕（蓮根，れんこん）

因为莲藕有很多孔，被日本人认为是"見通しが良い"，即"前途光明"之意。吃莲藕祈愿在新的一年里前途明朗。"筑前煮"是莲藕最常见的烹制方法。

6. 听钟声，看歌会

日本人以前是过两个新年的，即元旦和春节，和我国现在的情况相似。只是到近代才改为过新历年。除夕晚上，日本人称之为"除夜"，日本人也有在除夕晚上守岁的风俗，人们一边吃荞麦面，一边观看电视上的《红白歌会（紅白歌合戦）》。《红白歌会》是日本的"春晚"，与中国春晚不同，《红白歌会》始于1951年，是一场唱歌比赛。

午夜时分，寺庙香烟缭绕，钟声齐鸣，而且往往敲108下钟，象征敲破或驱除108个烦恼。日本人静坐聆听"除夜之钟"，钟声停歇则意味着新年到来。钟声响后，人们涌向神社和寺庙，烧香拜佛，点签算命，称为"初诣"（即第一次参拜）。据估计，每年从午夜到新年，有近8000万人参加参拜。新年早晨，全家从年幼者到年老者依次排列喝屠苏酒，共尝鲭鱼子、黑豆以及稍带甜味的酱油煮小鱼干等。据说这些象征吉祥的食物会带来子孙繁荣、身体健康的好兆头。

7. 新年装饰物

新年里，各户大门上方往往都拉起一条草绳或用草绳编的圆圈，称为"注连绳"或"注连饰"。有的还摆上一些松竹,叫作"门松"。许多公司大厦门口和街头巷口都用松竹梅搭起设计新颖、别具一格的牌楼,以示庆贺。人们还将鹤、龟等象征长寿的动物剪纸贴在住宅内外,祈祷平安。同时还根据当年的生肖年刻年肖,相互赠送。

12月25日之前,日本笼罩在一片璀璨灯海和圣诞装饰品的气氛中。然而,一旦12月26日到来,圣诞节装饰就会被拿下来摆上新年饰品。在文化饰品中常见两块年糕叠在一起,最上面摆上一颗橘子的"镜饼",放置在入口处的一对竹子和松树摆饰"门松",以及在大门上方由绳子制成的装饰品"注连绳",用以驱除邪灵。摆放当年的生肖动物装饰品也很常见。

镜饼

门松

8. 新年食物

（1）年糕

年糕由糯米制成,是新年美食之一。新年用的年糕只用传统方法制成。糯米先浸泡一夜并煮熟后,用大木槌重复捣打,直至达到所需的黏度,再塑形成商品贩售。年糕通常在除夕夜前几天分批准备,用于特色的"镜饼"装饰和"杂煮"餐点。

（2）跨年荞麦面

在日本,"跨年荞麦面"是一年当中的最后一餐,字面意思是"跨过一年"的荞麦面。至于起源和意义,有人说是为了祈求长寿。也有人说是希望把旧年的厄运在此切断，以便迎接全新的一年。此外，如果新的一年到来的那一刻之前没有吃光所有面条，会被视为坏运气而招来厄运。荞麦面一般有两种，一种热的，一种冷的。因为除夕是冬天，很多人选择热荞麦面作为"跨年荞麦面"。

9. 新年活动

（1）新年到寺庙敲钟祈福

大部分的日本新年习俗注重净化仪式，此仪式日语称作"除夜の鐘"，在一年的最后一天于日本大小佛寺中举行。梵钟被敲响108次，准备迎接全新的一年。有些寺庙允许游客在完成仪式后敲钟，这样做据说会带来好运。

新年钟

（2）观赏新年的第一个日出

在这个被俗称为"太阳升起之地"的国家，许多日本人相信新年的第一个日出拥有神奇的超自然力量。在新年日出破晓之时祈祷据说能带来好运，在壮观的旭日东升美景下更是如此。许多人会前往山区或海边等待太阳升起，开启崭新的一年。

（3）新年祈福

新年前三天，即使是没有强烈宗教信仰的日本人都会前往神社或寺庙为新的一年祈福，它是一项日本传统。人们也会购买新年护身符或御守，然后把去年的护身符交到神社和寺庙专门收回地点统一烧毁。

新年祈福

(4) 求"御神签(おみくじ)"

日本最受欢迎的新年习俗之一就是去神社或寺庙求签来预知来年的运势。通常每个人都有机会从100个以上的好签中抽到好兆头,每张签注明有关财富、健康、感情等幸运之事。如果人们获得坏签,通常习惯把它绑在寺庙或神社某个特定的物品上,以避免坏事降临。

(5) 购买"御守(おまもり)"祈求好运

"御守"是护身符的总称,通常可在寺庙或神社购买。不同的"御守"代表不同意义,如避邪、遇到真爱、改善财务状况、确保生育安全等。它们也有各种形式——最常见的是小织锦袋,还有破魔矢(消灭妖魔的箭)。千万别私自烧毁护身符或御守,如果必须丢弃,应带到寺庙中举行正式仪式烧毁。

(6) 观赏传统舞狮

舞狮于中国唐朝时期传进日本,现在已经完整融入日本文化之中,而每个地区的舞狮文化各异。在新年的庆祝活动场地和神社都会配上节庆音乐表演舞狮。狮子看起来有点凶猛,但据说如果用狮嘴轻轻"咬住"小孩的头,这个小孩整年都会身体健康。

第二节　成人节

一、意义

让已满20岁的年轻人意识到自己从成人节那一天开始就变成了大人,已经结束了受父母保护的孩童时代。让他们懂得应作为一个独立人走向社会。从此之后，法律允许他们吸烟、喝酒和结婚的同时，也提醒他们要会独立生活，更要成为对自己的行为负责的社会人。

二、举行时间

在日本，每年1月的第二个星期一是成人节，这是日本国民的一大节日，届时全国放假。

三、举行地点

每年成人节这一天，日本各地、各界都会举办不同的成人仪式。一般是日本的市町村政府在公会堂为当地年满20岁的男女青年们举办成人礼。各地习俗不同，仪式也有所不同，比如千叶县浦安市每年都会在迪士尼乐园举办成人礼，青年和家人、大众所熟知的卡通人物一起庆祝。

四、着装

关于参加成人礼的着装，女生一般情况下穿长袖和服（振袖）。男生一般情况下穿西装，近年来也有越来越多的男生选择穿"花纹袴"（和服的一种）。女生要穿的"振袖"是很讲究的，未婚女性才能穿，根据袖子长度分为大振袖、中振袖和小振袖，而女生们的成人礼一般穿着中振袖。因为"振袖"很贵，一般的"振袖"就要几十万日元，顶级的要上百万，而且日本人平时不会穿"振袖"，只有在成人礼、婚礼的时候穿，而女生结婚之后就更不能穿"振袖"，所以很多人会选择租赁"振袖"。

五、举办流程

成人节前一个月，所在地的市町村相关部门会给有年满20岁青年的家庭寄去明信片，告知成人仪式的地点、时间、注意事项等。

成人节当天，女生们会在家人的陪伴下一早起床，穿上和服，来到提前预约好的美容院，边化妆边做头发。而这一天，很多美容院也会通宵营业，为女生们好好装扮一番。青年装扮好后先与家人去照相馆照相，然后按照规定时间带上明信片来到举办会场，参加典礼。典礼上会由当地的市长、町长或各个相关部门的代表人进行演讲，表示祝贺的同时表达对"新成人"寄予的厚望。然后青年们高声宣誓，踏入成人行列。接下来，会进行节目表演或者集体活动。仪式结束后"新成人"和同学、朋友们拍照留念，再去饮酒庆祝。

最后，在这一天，这些年满20岁的年轻人的父母、同事、亲戚及朋友都要向他们表示祝贺并赠送礼品，而当事人以发表未来的计划及理想来表达感谢之意。

成人礼

第三节　盂兰盆节

盂兰盆节是日本仅次于新年的第二大节日，是日本固有的祖先崇拜和佛教融合的节日。节日期间家家都设佛龛或祭坛，点燃迎魂火和送魂火，祭祀祖先，告慰灵魂。

据说祖先的灵魂一般在阴历七月十三日（也被称为"お盆の入り"）返回人间，阴历七月十六日（也被称为"お盆の明け"）重新回到天上，因此人们多在这四天供奉祖先。

在日本，离开自己的故乡到外地工作的人很多，人们常利用这个节日的假期回老家团聚。

一、盂兰盆节的历史

盂兰盆节历史悠久，据《日本书纪》记载，推古天皇（606年）当时就开始了类似于盂兰盆节的活动。到了平安时代，日本皇宫中已经举办了十分盛大的盂兰盆会活动。当时的盂兰盆会是为了供奉祖先的灵魂，相当于现在的盂兰盆节，之后在武家以及贵族之间十分盛行，到了江户时代普及为一般民众的活动。

后来因为日本在明治维新时期采用公历，许多日本传统节日都改成阳历，因此有些地区也在阳历8月15日前后庆祝盂兰盆节。目前，虽然各地的时间点有所不同，但是一般而言，从8月13日到8月16日是日本传统的盂兰盆节。

二、盂兰盆节的活动

1. 准备祭坛（亡灵棚）以及贡品

一般日本人要在8月12日太阳落下后到13日太阳升起之前，布置好佛龛或是祭坛，并准备好祭品。

在装饰佛龛的时候，日本人经常使用茄子以及黄瓜做成马、牛造型作为祭品。黄瓜造型是"精灵马"，马匹的脚程快，是让故去的先祖们乘坐着它们快点回到人间；而茄子造型的"精灵牛"则脚程较慢，意指希望先祖能够慢点离开。一般常见的祭品有点心、水果、素面。

在供奉时，虽然信奉的宗教不同，但是在佛龛前点灯、上香、供奉鲜花和祭品是基本操作。一般而言，供奉的这些物品被称为五供。具体如下：

①线香：为了使祖先能成为善魂而烧的香。

②鲜花：供奉一些故去的先祖最喜欢的花朵。

③灯烛：照亮佛像，其灯烛的亮度也象征着神明的智慧。

④净水：每天供奉纯净之水意味着净化参拜之人的内心，因此每天都要更换新鲜的水。

⑤饮食：每天都要在佛龛前供奉食物。注意供奉的时候应该是可以食用的状态，千万不可以供奉不新鲜的食物。

2. 迎魂火与送魂火

在8月13日傍晚时分，需要在佛龛或者祭坛之前点燃盂兰盆节灯笼，在玄关外或者庭院中焚烧麻秆。这是为了让祖先的亡灵能够找到回家的路而特意点燃的迎魂火。近年来，日本人的居住环境发生了变化，因此常以佛像前放置盂兰盆节灯笼代替迎魂火。

在8月15日或者16日的傍晚，人们也会在玄关外或庭院中燃烧麻秆。这是为祖先的亡灵送行的送魂火。

3. 京都大文字烧

8月16日是京都一年一度的传统节日——"大文字烧"。在环绕京都的五个山头，从晚上8点开始先后点燃用木材设计好的文字，即两个"大"字、"妙"字和"法"字，以及船形和鸟居形的图案。据说，该送火仪式象征着送走日本盂兰盆节期间迎来的先祖之灵。

4. 盂兰盆舞

盂兰盆节期间，人们会聚焦在广场上跳盂兰盆舞，参与者基本上都是当地居民，穿着浴衣起舞。盂兰盆舞原本是祭祀祖先灵魂的一种仪式，现在已经变成了具有各地特征的民间舞蹈，是日本各地独有的民俗活动。

思考题

1. 请举例陈述日本人较重视的节假日。
2. 通过比较中日节假日，谈谈中国文化对日本的影响。
3. 联系一个国家悠久历史文化的重要组成部分传统节假日，谈谈中华民族的文化历史内涵。
4. 简单介绍你家乡的特殊的节日文化习俗。

第七讲　日本文学

第一节　概　述

日本文学指日本人书写的、在日本发表的、用日语写作的文学的作品。日本文学有着较悠久的发展历史，在日本文化的影响下形成了独具特色的风格。从712年的《古事记》到21世纪作家作品的蓬勃繁荣，日本文学一千多年的独特魅力在世界文学史上书写下了瑰丽奇幻的一章。

一、日本文学的历史时期划分

日本文学一般分为上代（奈良时代）、中古（平安时代）、中世（镰仓时代/室町时代）、近世（江户时代）、近代（从明治到昭和20年）、现代（昭和20年到现在）。其中也有把上代与中古称为古代，中世细分为南北朝期/北山文化期/东山文化期/天文文化期，近世细分为宽永期/元禄期/化政期/幕末期的说法。近代与现代的区分有诸多说法，一般以战前、战后区分。

1. 上代文学

从日本文学产生到8世纪末奈良时代结束，这一历史阶段的文学称为上代文学。上代文学兴于8世纪，日本直到中国的汉字传入之后才开始有书写系统，但在最早汉字尚未能适用于书写日语时，中国文言文仍是唯一的文学形式。直到后来才发展出能够用于表记日语的万叶假名，日本文学纯粹假借一套指定汉字的发音来表记日文诗歌。在日本奈良时代所创作的作品包括712年的《古事记》（为神话与史实参半的史书）、720年的《日本书纪》（以编年体写成，为日本流传至今最早的正史）和759年的《万叶集》（日本现存最早的诗歌总集，"万叶假名"即是以此书命名）等。此时在文学创作上所使用的日文，无论在语法和音韵等方面更接近上古日语，与后来的日文有明显的差别，甚至同时期各地方言上的差异也很明显。

2. 中古文学

8世纪末至12世纪末近400年间的文学称为中古文学。中古文学与日本平安时代的文学创作有着密不可分的关系，此时被誉为"日本艺术与文学的黄金时期"。女性文学家紫式部的著作《源氏物语》被视为当时最杰出的写实主义长篇巨著。此外，同时代重要的文学作品有905年编成的《古今和歌集》（日本第一部奉敕命编撰的和歌总集）以及由另一位女性作家清少纳言写的《枕草子》（随笔集，描述对生活、感情与贵族生活等的观察与感想）。《伊吕波》是一首排列日文假名的全字母句诗歌（"いろは"是该诗歌的首三个音），同样创作于平安时代前期。

3. 中世文学

从镰仓幕府成立（1192年）至江户幕府执政（1603年）这一历史阶段的文学称为中世文学。这个历史时期的日本战乱频发，贵族阶层没落，武士阶层兴起，庶民社会生长，在日本历史上是巨大的转折期，也是封建制社会确立的时期。这时产生了反映时代现象的《保元物语》《平治物语》等军记物语。另外，随着新佛教的陆续形成，从佛教性的无常观中理解人生、社会的《方丈记》《徒然草》等隐者（草庵）文学也逐渐浮出台面。另外，由于京都与镰仓之间来往频繁，产生了《十六夜日记》《海道记》《东关纪行》等纪行文学。虽说这个时代的政权转移到了武士阶层，但期间仍有编撰贵族生活的《新古今和歌集》等作品问世。

4. 近世文学

从庆长八年（1603年）江户幕府成立至庆应三年（1867年）的江户时代，其间约270年间的文学称为近世文学。近世文学的主要特征是独具特色的庶民文学。俳谐、川柳、狂歌、浮世草子、净琉璃、歌舞伎等新的文学形式在这个时期产生和兴起，具有较强的庶民文学特征。文学作品的作者不仅有商人、武士、神官、僧侣，还有医生等，遍布社会各个阶层。主要文学作品有《雨月物语》以及浮世草子体裁的小说等。

5. 近现代文学

日本近现代文学可分为从1868年（明治维新）到1926年（昭和元年）的近代文学和从1927年至今的现代文学两个阶段。

日本近代文学（1868—1926）从明治维新以来全面吸取西方文明，完成了文化上的急剧变革，并伴随着资本主义的发展而成长。因受到西方文化的强烈影响，日本近代文学在短短几十年内完成了欧洲近代文学从文艺复兴到19世纪末、20世纪初所经历的过程。在近代，日本资产阶级政治上依附于封建天皇制的软弱性以及日本近代社会的急速发展，致使日本近代文学呈现了两个明显的现象：一是派别众多，文学呈现复杂的局面；二是由于政治力量薄弱，又处在急速发展、变化的社会条件中，进步的、民主的文学无法形成强大的文学力量。

日本现代文学（1927— ）大致分为战前文学（1927—1945）和战后文学（1945— ）。战前文学包括无产阶级文学、新感觉派文学和新兴艺术派文学。战后文学包括无赖派（新戏作派）和战后派、内向派文学。20世纪七八十年代开始的战后文学也称为后现代主义文学。日本现代文学因受战争影响，特别是受第二次世界大战的影响之大，出现了很多与战争有关的文学作品。

二、日本文学形式

1. 散文

（1）物语：古物语、作物语、歌物语、拟古物语、军记物语。
（2）传说。
（3）小说：私小说、戏作。
（4）戏曲：能、歌舞伎、文乐（人形净琉璃）。
（5）随笔。
（6）日记。
（7）纪行。
（8）传记、自传：往生传。

2. 韵文

（1）诗：自由诗、定型诗、散文诗。
（2）和歌：短歌、长歌、旋头歌、佛足石歌。
（3）连歌：俳谐连歌、狂歌、俳谐（连句）。
（4）俳句：定型、自由律。
（5）川柳：狂句。
（6）歌谣：记纪歌谣、今样、小呗。
（7）汉诗。

三、日本著名文学家及其作品

历史时期	作家	作品
上代		《万叶集》
中古	清少纳言	《枕草子》
中古	紫式部	《源氏物语》
中世	藤原定家等	《新古今和歌集》
中世	鸭长明	《方丈记》
中世	吉田兼好	《徒然草》
中世		《保元物语》
中世		《平治物语》
中世		《平家物语》
近世	井原西鹤	《西鹤大矢数》《好色一代男》
近世	松尾芭蕉	《奥之细道》《嵯峨日记》
近世	近松门左卫门	《曾根崎殉情》《情死天网岛》
近世	上田秋成	《雨月物语》《春雨物语》
近世	山东京传	《江户生艳气桦烧》《通言总篱》
近世	曲亭马琴	《南总里见八犬传》《三七全传南柯梦》
近代	森鸥外	《舞女》《阿部一家》
近代	尾崎红叶	《金色夜叉》《香枕》
近代	夏目漱石	《我是猫》《心》
近代	泉镜花	《妇系图》《歌行灯》
近代	志贺直哉	《在城崎》《佐佐木的场合》
近代	石川啄木	《一握砂》《悲哀的玩具》
近代	芥川龙之介	《罗生门》《河童》
近代	宫泽贤治	《银河铁道之夜》《风之又三郎》

续表

历史时期	作家	作品
现代	谷崎润一郎	《春琴抄》《细雪》
	金子光晴	《降落伞》《蛾》
	宫本百合子	《伸子》《播州平野》
	川端康成	《伊豆的舞女》《雪国》
	石川淳	《普贤》
	太宰治	《斜阳》《人间失格》
	松本清张	《点与线》《隔墙有眼》
	安部公房	《赤茧》《墙》
	三岛由纪夫	《金阁寺》《鹿鸣馆》
	渡边淳一	《樱花树下》《失乐园》
	大江健三郎	《个人的体验》《万延元年的足球队》
	村上春树	《挪威的森林》《海边的卡夫卡》
	东野圭吾	《放学后》《白夜行》

四、日本文学的特点

（1）日本文学形式在近代之前大都是短小且结构单一的。从古代开始，短歌形式的文学最为发达，后来发展为连歌、俳谐、俳句等，但都以篇幅短小为特点。日语音节、古调单纯，诗的形式不具备押韵的条件，因而日本诗歌极易与散文混同，形成散文诗化。日本随笔、日记文学都很讲求文体的优美，散文的发展促进了短篇小说形式的"物语"的发达。11世纪初出现的长篇小说《源氏物语》，其结构是由短篇小说连贯而成，前后衔接松散，叙述简单，时间推移与人物性格变化并没有必然的联系。日本短小的文学形式，最大限度地发挥了作家的艺术技巧和概括了作家所认识的客观世界。

（2）日本文学的性格细腻、含蓄。自古以来日本自上而下的改革，对文学产生深刻的影响。明治维新以前，在日本文学中几乎听不到强烈的社会抗议的呼声，他们的追求多是感情上细腻的体验，表现的主要是日常平淡的生活，即在平淡朴素的生活中表达对社会、人生的冷静思考。

（3）日本的文艺观以"真""哀""艳""寂"为基础。从"真事"始，平安时期的"物哀"，镰仓、室町时期的"幽玄"，江户时期的"闲寂"，主要是在和歌的基础上发展和提炼出来的。

（4）长于模仿，变革迅速。大化革新后，日本引进了中国的汉字、汉语乃至汉诗、汉文，形成日本文学的重要分支——汉文学。在吸收中国文学的同时，日本创造了变体汉文、假名和汉混体文，大量运用中国词汇，创作了独具民族形式的文学作品。大化革新后经过近百年时间，日本文学有了飞跃的发展，相继出现了奈良平安文学及江户时代的元禄文学。随后，明治维新又使日本大量吸收西方文学，跻身于资本主义世界文学发达国家的行列。

第二节　中古文学

8世纪末到12世纪末的400年间，是日本历史上的平安时代，在文学史上这一时期的文学现象称为中古文学。这一时期日本经历了重要的历史变革，特别是9世纪后半期到10世纪，在文化上开始从"汉风文化"向"和风文化"过渡，是由汉文学鼎盛发展转为日本民族文学发展的重要时期。这个时期，日本创造了自己独特的文学体裁——物语文学。且这一时期日本女性文学的繁荣创造了日本文学史乃至世界文学史的奇迹。紫式部的《源氏物语》展现了平安时期的上层贵族生活，清少纳言的《枕草子》、藤原道纲母的《蜻蛉日记》、和泉式部的《和泉式部日记》等创造了古代日本散文文学的辉煌。平安时期的汉文学、和歌文学、物语文学、日记文学在日本文学史上占据了重要地位。

一、《源氏物语》

1. 作者简介

紫式部（约978—1015），本姓藤原，本名因无记载不详。日本平安时代著名女作家。其名"紫"取自书中主要人物紫姬，"式部"来自其父的官职"式部丞"。紫式部出身于贵族文人世家，父兄皆善汉诗、和歌，她幼时从父学习汉学，通晓音律和佛典。1004年4月，紫式部丧夫寡居，同年秋开始创作《源氏物语》。主要作品有长篇小说《源氏物语》，作品人物心理描写细腻，文字典雅，情节曲折，被认为是世界最早的长篇小说，对往后日本文学影响

《源氏物语》

极大。另著《紫式部日记》,成书于公元1010年秋。

2. 作品简介

《源氏物语》是由日本平安时代女作家紫式部创作的一部长篇小说,"物语"是日本的文学体裁。《源氏物语》标志着日本平安时期物语文学创作的最高成就,也是世界上最早的长篇写实小说。它在"传奇物语"和"歌物语"的基础上,使物语成为逼真地描摹人情世态,细腻地抒发情感且具有近代心理小说性质的独具特色的文学体裁。不仅在日本文学史上,还在世界文学史上有举足轻重的分量。

《源氏物语》全书共54卷,约合中文近百万字,卷帙浩繁,场面复杂,时间跨度长达70年,登场人物有名有姓者就达400余人,贯穿全书的主要人物是源氏和他的儿子薰君。书中通过讲述源氏的生活经历和爱情故事,以及源氏之子薰君的放荡生活及悲剧,反映了平安时代政治的腐败,皇族、贵族阶层的生活状况,揭示了上层贵族腐朽的精神面貌。

3. 作品影响

《源氏物语》开启了日本文学的"物哀"时代,并影响了包括夏目漱石、川端康成、宫崎骏在内的大批日本文学家和艺术家,其以"真实"为基础的"物哀"精神更是得到一代又一代人的继承和发扬,并对日本文化造成了深厚的影响,成为其不可分割的一部分。

二、《枕草子》

1. 作者简介

清少纳言,大约生于966年,真实姓名不详。"清"取自家族姓氏"清原","少纳言"为宫中官职。她出身于书香门第,汉学修养深厚,与当时的紫式部和泉式部并称为平安时代的"王朝文学三才媛"。

2. 作品简介

《枕草子》是日本平安时期女作家清少纳言创作的随笔集,大约成书于1001年。清少纳言在宫廷之中任职期间所见所闻甚多,她将其整理成300篇随笔作品,分几方面来记述。一是用平安时代最为流行的"物尽"手法,也就是运用列举的方式来描写事物的一种古旧文体写成的作品,例如"树木的花""可憎的事""可爱的人"等;二是"女人独居的地方"之类随笔;三是她开始入职宫廷的回忆录。正如她在书中最后一段所说:"这本随笔本来只是在家闲居无聊的时候,把自己眼里看到、心里想到的事情记录下来,并没有打算给什么人去看……"作者的这段话将作品的真实性、随意性表达得淋漓尽致。《枕草子》最为核心的内容实际上就是表达作者的感受以及感悟,能够将作者积极的生活态度呈现出来。

全书共有305段,分为类聚、日记、随想三大内容。类聚是受唐朝李义山《杂纂》的影响,罗列生活中不同性质与类别的事物,如"山""海""扫兴的事""高雅的东西",涉及地理风貌、草木花鸟、内心情感、生活情趣等,丰富地体现出作者细腻的观察能力和审美趣味。日记记录了作者在宫中的生活,其中有反映她与皇后藤原定子感情深笃的经历,以及她在宫中生活的片断。这部分内容富有古典风貌,体现了日本平安时代皇室贵族的生活状态和品味素养。随想则是对自然与人生的随感,尤其可见作者明快、自由的生活态度。

3. 作品影响

《枕草子》与《方丈记》《徒然草》并称为"日本三大随笔",与《源氏物语》合称为"平安文学双璧"。其是日本随笔文学的源头,也是一座高峰。

第三节 近代文学

一、时代背景

日本近代文学受到西方文学的巨大影响,在短短的几十年里完成了欧洲近代文学所经历的过程。近代日本没有遭受到殖民破坏,走上了富强之路。近代日本文学在此环境中发展迅速,成就突出,是近代东亚地区最令人瞩目的民族文学。日本近代文学在批判封建主义、军国主义的基础上逐步发展起来,成为进步的、民主的现代革命文学的先驱。

二、黎明时期

日本近代文学经历了一段启蒙时期。在这个时期,主要是政治、学术、社会思想、科学文化等各个领域为了迎合明治维新,满足开化启蒙的要求而有所发展。但文学本身并没有得到很大的发展,只出现了不少作为启蒙工具的文学作品和翻译作品。到自由民权运动前后,近代文学才开始勃兴,形成了近代文学的黎明时期。这个时期首先出现了作为民权运动宣传工具的"政治小说",虽然在艺术上还没摆脱封建时代文学的束缚,但是它鼓吹民主、宣传民权、针砭时弊,作品所表现出的忧国忧民的思想,成为日本近代文学的新声。矢野龙溪的《经国美谈》(1883年)和东海散士的《佳人奇遇》(1885年)就是日本近代文学的代表作品。同时,坪内逍遥在《小说神髓》(1885年)里,提出文学描写要以"人情""世态"为主,主张现实主义文学的表现手法,为推动日本近代文学的发展做出了一定的贡献。

日本近代文学的奠基者是二叶亭四迷(1864—1909)。他出身于旧世家,学生时期接触过大量的俄罗斯进步文学,并且对文学创作抱有严肃、认真的态度。1887年他用现代口语写了长篇小说《浮云》,揭开了日本近代文学的帷幕。《浮云》描写了一个知识青年内海文三的命运。作品批判了日本官僚社会的腐朽、卖身求荣的知识分子的卑鄙无耻以及小市民贪财附势的庸俗心理。作品对典型形象的塑造,对人物心理真实细腻的刻画,以及对社会深刻有力的批判,都为日本近代现实主义文学开辟了道路,使它成为日本近代文学中第一部批判现实主义的著作。

二叶亭四迷

森鸥外（1862—1922），日本医生、药剂师、小说家、评论家、翻译家。曾赴德国留学，深受叔本华、哈特曼的唯心主义影响。哈特曼的美学思想成为他后来从事文学创作的理论依据。森鸥外是日本19世纪初明治维新之后浪漫主义文学的代表人物，他与同时期的夏目漱石、芥川龙之介被称为日本近代文学三大文豪。

森鸥外

森鸥外的青少年时期是在明治维新后的"文明开化"风潮中度过的。其间他读了明初李昌祺的传奇小说《剪灯余话》、明代冯梦龙的笔记小说集《情史》、清代陈球的长篇小说《燕山外史》等中国小说，并热衷于作汉诗、写汉文。森鸥外留学归来，以启蒙家的姿态开始文学活动。他翻译西方著名作家歌德、莱辛、易卜生等人的作品，同时创办《栅草纸》等文学刊物，介绍西方美学理论，开展文艺批评，并致力于戏剧改良、诗歌革新活动，给日本近代文学带来较大的影响。

森鸥外于1890年发表处女作《舞姬》，这部小说成为日本近代文学初期的代表作品。森鸥外的《舞姬》《泡沫记》《信使》被认为是日本浪漫主义文学的先驱之作。1910年前后，森鸥外写了《青年》《雁》等取材于现代生活的小说。《雁》是作者这一时期创作的艺术成就较高的作品，引起当时日本文坛的强烈反响。1910年日本政府制造了所谓"大逆事件"，加强了对思想文化界的专制统治，森鸥外开始转向历史小说的创作。他的历史小说分为"遵照历史"和"脱离历史"两类，前者完全依据史料写作，包括《兴津弥五右卫门的遗书》《阿部一家》等；后者则借助历史事件的描述来表达作者的理想和信念，如《高濑舟》等。

三、成长时期

日本近代文学在坪内逍遥、二叶亭四迷、森鸥外等所开创的道路上迅速发展。在19世纪90年代初，出现了"砚友社"和"文学界"两个重要文学团体。"砚友社"的文学是日本近代初期现实主义文学的退化，它以赢得读者的眼泪为宗旨，对社会的描写流于肤浅，迎合小市民的趣味。"文学界"是以北村透谷为首的青年诗人、评论家组成的文学团体。他们掀起了日本浪

北村透谷

漫主义文学的风潮,为日本近代诗歌创作奠定了基础。

北村透谷(1868—1894),浪漫主义诗人、评论家。他反对封建黑暗的日本社会,以"理想世界"和"现实世界"的对照,突出他所追求的民主、自由和个性解放。在他的长诗《楚囚之歌》(1889年)和诗剧《蓬莱曲》(1891年)里,洋溢着向往自由、追求幸福的炽热感情,表现出了诅咒黑暗社会的愤怒情绪。他晚期所创作的抒情诗格调清新,形象优美,流露出一个觉醒者、反抗者的孤独、寂寞之情。最后,他深陷在理想和现实矛盾之中而不能自拔,在痛苦和迷惘中自杀而死。

在中日甲午战争前后,日本近代文学发生了从浪漫主义向现实主义的转变。这种转变首先在散文中反映出来,青年女作家樋口一叶(1872—1896)以短篇小说见长,代表作有《埋没》《浊流》《十三夜》《青梅竹马》等。樋口一叶来自社会下层,饱尝日本近代社会中下层人民贫困痛苦的滋味。她的作品感情真挚、文笔清秀纤细,散发着浓郁的抒情气息。她是日本近代现实主义文学开拓者之一。

樋口一叶

中日甲午战争以后,一方面日本资本主义有了迅速的发展,另一方面近代日本社会的矛盾逐步加深。社会上投机风盛,物价暴涨,工人罢工不断发生。近代产业工人觉醒,社会思想活跃,出现了早期的社会主义思潮。这些社会动向也影响了日本近代文学,产生了倾向于社会主义思想的文学。德富芦花于1903年发表的代表作品《黑潮》,深刻地揭露了明治政府的奢侈昏聩和专横暴戾,是一部社会政治史。

四、成熟时期

1900年以后,日本近代文学开始成熟。日俄战争的胜利加速了日本资本主义经济的发展,然而,社会贫富两极的分化日益加剧,阶级矛盾激化,加深了个人与社会的鸿沟。这些因素引发作家对社会问题的深省,探求个人在社会生活中的地位和出路,冷静地观察、分析社会问题。在这样的社会背景下,日本近代自然主义文学运动兴起,它一方面接受了西欧自然主义文学消极的一面,主张表现人的本能,赤裸裸地暴露人间一切丑恶,作品中充满庸俗低级的内容,对日本近代文学产生了极大的毒害作用;另一方面,又由于作家处在黑暗的社会里,他们继承浪漫主义所倡导的个性自由的精神,创作出不满现实、揭露社会黑暗的具有现实主义鲜明倾向的文学作品。

岛崎藤村（1872—1943）是日本自然主义文学的著名作家。他在青年时期是"文学界"的重要成员，以浪漫主义诗人的身份登上文坛。他的第一部诗集《嫩菜集》（1897年）是青春、爱情的颂歌集，充满浪漫主义情调。后来，由于生活的坎坷、爱情的挫折，他的作品从浪漫的抒情转到现实的描写。

岛崎藤村

1906年岛崎藤村发表了自然主义第一部代表作品《破戒》。这部小说勾画了一幅较为广阔的明治末年的社会画面，使它成为一部日本近代杰出的批判现实主义小说。

其后，岛崎藤村又创作了以个人青年时期创作生活为题材的《春》（1908年）和以两个封建家族的衰亡史为题材的《家》（1910年），对日本社会的黑暗和封建残余思想进行了抨击。其在1918年创作的《新生》则完全是一部个人道德忏悔录，缺乏任何积极的社会意义。在20世纪30年代无产阶级革命风潮的冲击下，岛崎藤村又写出一部现实主义历史小说《黎明之前》（1935年），它广泛地描写了明治维新前后日本社会的动荡和激变。

在自然主义文学风潮盛行之时，在日本文坛上异峰突起而自成一大家的是夏目漱石。夏目漱石所写的《我是猫》等作品，以嬉笑怒骂、冷嘲热讽的文笔揭露了明治社会的丑恶。夏目漱石这些批判力很强的作品与自然主义作家倾向现实主义的作品，汇成日本近代批判现实主义文学的潮流，推动了日本近代文学的发展。

1888年，夏目漱石（原名夏目金之助）从东京第一高等中学毕业，升入本科学习，与同学，即后来的俳句运动倡导者正冈子规结为挚友。22岁那年，便以汉文来评论正冈子规的《七草集》诗文集，首次使用"漱石"为笔名。后以汉诗体作游记《木屑集》。

1899年4月，夏目漱石于《杜鹃》杂志上发表《英国文人与新闻杂志》一文。同年8月，他发表《评小说》一文。此时，他才刚刚32岁，文学才华已势不可挡。

1905年，夏目漱石发表其代表长篇小说《我是猫》，以独特的艺术形式和强烈的讽刺精神，揭露了日

夏目漱石

本资本主义社会的种种罪恶，显示出了高超的创作才能。

夏目漱石在诗歌、小说、散文和评论等方面均有不少优秀作品，其中以小说成就最佳，在其创作生涯中，写了10多部长篇巨著和众多中短篇小说，以锋利的笔触再现日本明治维新之后文明社会的丑恶，倾吐了对现实强烈的不满和愤慨。

1910年以后，日本近代文学开始出现反自然主义的文学风潮，当时以左派立场对自然主义文学进行批判的是石川啄木。

石川啄木（1885—1912）是具有革命思想的青年作家、诗人、评论家。他出身清贫，生活艰苦，但天资聪敏，在少年时期就开始写出浪漫主义诗歌，后来又创作出咏叹个人生活悲苦和愤懑情绪的短歌集《一握砂》《可悲的玩具》以及现实主义倾向的小说《云是天才》《道路》《我们一伙和他》等。他通过"大逆事件"进一步认识到日本天皇政府的反动，朦胧地意识到必须用暴力摧毁"国家政权"，决心倾向于社会主

石川啄木

义。他在《时代闭塞的现状》（1910年）一文里，对当时以自然主义文学为代表的文坛进行了尖锐的批评。在他后期的诗歌创作中，对知识分子缺乏行动只流于空谈革命的不良作风予以尖锐的批评（《无结果议论之后》），也讴歌了先进工人（《墓志铭》）。石川啄木是现代革命文学的先驱。

五、分化时期

日本近代文学在大正天皇统治时期进一步分化。大正初年，文学反自然主义的潮流分为三个主要派别：

一是唯美派，它露骨地表现了资产阶级文学没落、空虚、颓废的倾向，在作品中宣扬变态的性心理和唯美主义的思想，其代表作家有永井荷风和谷崎润一郎。

二是白桦派，它是理想主义文学派别，标榜着人道主义思想，宣扬人类爱，主张以个性的发展改造社会。在作品中多少触及了日本近代社会的黑暗，尤其对社会上的封建思想进行揭发与批判，其代表作家是武者小路实笃、志贺直哉和有岛武郎。

三是新思潮派，它提倡冷静、理智地剖析和描写现实生活，而它所表现的现实无非是近代小市民变化无常的日常生活。它的代表作家是菊池宽、芥

川龙之介等。

在大正时代的作家中，志贺直哉、芥川龙之介分别是白桦派和新思潮派的代表作家。

志贺直哉（1883—1971）是白桦派的重要代表作家。他出身旧式武士家庭，从小受到良好的教育。他在青年时期就开始从事文学活动。他的作品主要取材于个人身边琐事，通过对点滴生活现象的描写反映日本现实的黑暗，具有鲜明的人道主义色彩和现实主义倾向。《到网走去》（1910年）描写了一个被封建旧礼教束缚的普通妇女生活的艰辛痛苦，表现了作者深切的同情。《十一月三日午后的事》（1918年）以目睹一次日本士兵在高温下的军事训练的情景，揭露了日本军国主义的残暴。晚年的《灰色的月亮》（1945年）写于第二次世界大战之后，用列车中经历的小事，表现了战争给日本人民带来的苦难。后期的主要代表作品《暗夜行路》是他唯一的一部长篇小说，这部作品被公认为心境小说代表作。志贺直哉文笔清新隽永、生动洗练，他的描写像水墨画一样，以寥寥的几笔勾画出生动的形象，具有较高的艺术造诣。因此，他在近代日本文学中是一位颇具特色的作家，被尊称为"小说之神"。

志贺直哉

芥川龙之介（1892—1927）是一位有较高艺术修养的作家，他也是新思潮派的代表作家。他早期的创作取材于历史故事，在绚丽的艺术至上主义外衣下，对近代社会的利己主义作了冷静的剖析。其晚年作品转向了对现实的描写，用反语和幽默来揭露"大逆事件"以后的日本社会的黑暗。童话小说《河童》（1927年），表现出芥川龙之介出色的讽刺才能，它以黑暗的虚拟地下河童国影射当时日本的现实社会。

芥川龙之介

芥川龙之介大学期间与久米正雄、菊池宽等先后两次复刊《新思潮》，使文学新潮流进入文坛。其间，芥川发表短篇小说《罗生门》（1915年）、《鼻子》（1916年）、《芋粥》（1916年）、《手绢》（1916年），确立作家新星的地位。

1921年，他以《大阪每日新闻》视察员的身份来中国旅行，回国后发表《上海游记》（1921年）和《江南游记》（1922年）等。自1917年至1923年，其所写短篇小说先后六次结集出版，分别以《罗生门》《烟草与魔鬼》《傀儡师》《影灯笼》《夜来花》《春服》6个短篇为书名。1927年发表短篇《河童》，尖锐地嘲讽了资本主义社会及其制度。

大正末年社会矛盾深化，阶级斗争日趋尖锐。芥川龙之介对现实社会异常敏感，面临阶级矛盾深化、无产阶级革命斗争来临的社会趋势，他感到茫然和恐惧，怀着内心深刻的矛盾和对未来不安的情绪自杀。与此同时，一些新进的青年作家探求着新的社会道路和创作道路，他们以激进的思想和出色的作品走向人民，为现代日本革命文学的产生做准备。

第四节　现代文学

一、战前文学

日本现代文学的开始以无产阶级文学为先导，受国际共产主义运动和俄苏文学的影响。留学法国归来的小牧近江同金子洋文于1921年创刊《播种人》杂志，成为日本现代文学开始的标志。在此刊物上发表文章的主要有有岛武郎、江口涣、平林初之辅等。《播种人》的创刊是日本无产阶级文学诞生的标志，因为它自觉选定了社会主义文学的方向。

1923年的关东大地震迫使《播种人》停刊。1924年6月，青野季吉、平林初之辅、小牧近江、金子洋文、前田河广一郎等13名《播种人》同人，又创办了宣传无产阶级文学运动的《文艺战线》。1925年11月，以《文艺战线》的同人为主，成立了无产阶级文学运动的统一战线组织"日本无产阶级文艺联盟"。1926年，青野季吉的评论文章《论自然生长和目的意识》（1926年）明确指出，无产阶级文学与无产阶级文学运动性质不同，前者是"自然生长起来的"，不是运动，他的"目的意识论"给日本无产阶级文学运动的发展带来了转折。

1928年3月25日，对共产党表示支持的文学艺术家终于成立了"全日本无产者艺术联盟"（NAPF，简称"纳普"）。从此，"纳普"成为日本无产阶级文学运动的领导者，为无产阶级文学的成长壮大做出了贡献。1934年，"纳普"被迫解散，无产阶级文学遭到全面扼杀。但是，小林多喜二、德永直、中野重治、宫本百合子等一批无产阶级作家，以自己不朽的创作，将日本无产阶级文学推向高峰。

德永直（1899—1958）是"纳普"时期最重要的无产阶级作家之一。1922年，他发表了《马》《多余的人》等短篇小说。1929年，他在"纳普"的机关刊物《战旗》上发表了取材于1926年印刷公司罢工的长篇小说《没有太阳的街》。这部小说根据作者的经历，描写了东京印刷厂工人罢工期间的斗争情况，客观地反映了当时日本尖锐的阶级矛盾和工人阶级的觉醒。这部小说的问世引起了文坛的轰动，并得到国际无产阶级的支持，此小说在德国、苏联等国家相继翻译出版，中国在20世纪30年代也出版了这部小说的中译本。

1923年关东大地震，致使不少文学杂志停刊，但也为不少的作家提供了崭新的题材机遇。1924年，以横光利一、川端康成等为主的14名年轻的同人作家创办了《文艺时代》杂志。当时著名的评论家千叶龟雄发表了题为《新感觉派的诞生》（1924年）的专论，对该派作家感觉之"新"进行了肯定。于是，新感觉派由此得名。虽然《文艺时代》在1927年停刊且完全解体，但是该派中的横光利一、川端康成等作家，还是为文学史留下不少独具风格的作品。

横光利一（1898—1947），新感觉派中最具代表性的作家。他早年喜好文学，曾积极向《文章世界》投稿，并同友人创办杂志《街》《塔》。其早期作品多取材于自己的家庭，如《姐弟》（1917年）、《能够悲痛的时候》（1921年）等。1923年，发表中篇小说《太阳》和短篇小说《苍蝇》，在文坛引起很大反响。1924年，同川端康成等创办《文艺时代》，发起"新感觉派"运动。

川端康成（1899—1972），日本新感觉派作家，著名小说家。一生写了100余部长篇、中篇和短篇小说，此外还有许多散文、随笔、讲演、评论、诗歌、书信和日记等。他的创作，就思想倾向而言相当复杂，代表作有《伊豆的舞女》《雪国》《千只鹤》《古都》《睡美人》等。1957年被选为日本艺术院会员。1968年获诺贝尔文学奖，亦是首位获得该奖项的日本作家。

20世纪30年代中期，一些新老作家写出属于纯文学性质的作品，如德田秋声的《伪装人物》（1935年）、永井荷风的《墨东绮谭》（1937年）、谷崎润一郎的《春琴抄》（1933年）、岛崎藤村的《黎明之前》（1932年、1935年）、志贺直哉的《暗夜行路》（1937年）、伊藤整的《幽鬼街》（1937年）等。

1933年以后，日本文坛称之为"文艺复兴"的一段美好时光很快就过去，被日本浪漫派和国策文学等宣扬"日本精神""民族主义"的为侵略战争服务的文学所取代。

二、战后文学

第二次世界大战以后,战后较民主和自由的环境,使战争期间封笔的部分传统作家复出并重登文坛。比如,原白桦派作家志贺直哉发表了《灰色的月亮》(1946年),新浪漫主义作家永井荷风发表了《舞女》(1946年),谷崎润一郎战时被禁止连载的《细雪》(1946年)于战后继续连载等。

战后初期,日本文坛上有一批以自谑的姿态表现二战后人们虚无、颓废和绝望的心境的所谓"无赖派"作家,他们又被称为"新戏作派",因自嘲的态度、戏谑的手法与明治时期"戏作派"文学一脉相承而得名。代表作家及作品主要有坂口安吾的《白痴》(1946年)、太宰治的《斜阳》(1947年)、石川淳的《黄金传说》(1946年)等。这些作品批判已有的政治观和道德观,反映了战后人们企图寻找新的精神出路的一种思潮。但这种文学现象不久便衰落了。

二战后的日本文学中,最令人瞩目的作家是宫本百合子,她将在战争中积聚的愤怒、痛苦、激情以及解放感、期待感统统融于她的创作中。她的著名作品有《播州平原》(1946—1947)、《风知草》(1946年)、《两个庭院》(1947年)、《路标》(1947年)等。其他如德永直的自传体小说《妻呵,安息吧!》(1946年)、佐多稻子的《我的东京地图》(1946年)、中野重治的《五勺酒》(1947年)等作品,大多反映了对战争和天皇制的反感,揭示时代的变迁。

二战后,日本文坛还出现了一批艺术性较高、介于纯文学小说与通俗小说之间的"中间小说"。代表作家有井上靖、石川达三、丹羽文雄等。井上靖曾因小说《斗牛》(1949年)获1950年芥川奖,确立了自己在文坛上的地位。继后,他又发表了《猎枪》(1949年)、《一个伪作家的生涯》(1951年)、《冰壁》(1956年)等一批构思精巧、引人入胜的作品。

在"近代文学派"的基础上形成的"战后派"最能代表二战后日本文学的走向。野间宏是第一代"战后派"文学的代表作家。他的短篇小说《阴暗的图画》自1946年在《黄峰》杂志上连载,该小说是战后派文学的第一部名作。小说描写"七七事变"前后京都大学几个学生参加进步活动而被捕惨死狱中的故事,反映了军国主义的罪恶。此后,野间宏连续发表了《两个肉体》(1946年)、《脸上的红月亮》(1947年)、《崩溃感觉》(1948年)等。1952年,他发表了代表作——反战反军国主义的长篇小说《真空地带》。

20世纪50年代，日本文坛崛起了一批第二代战后派作家，如三岛由纪夫、大冈升平、安部公房等。他们的作品从关心个人的存在逐渐转向关心社会，表现出各自非常显明的创作个性和文学发展道路。三岛由纪夫以《假面的告白》（1949年）发表登上文坛，后又发表《潮骚》（1954年）和《金阁寺》（1956年）等。《金阁寺》是他的代表作，曾获第八届读卖文学奖。

20世纪50年代中期，当日本基本走出战败的阴影，迈向安定和繁荣的道路之时，文坛上出现了第三新人派作家。他们的文体接近"私小说"，但本质上有区别，只是借助"私小说"的形式构筑他们的文学大厦。代表作家及作品主要有小岛信夫的《美国学校》（1954年）、安冈章太郎的《海边的光景》（1959年）、远藤周作的《海和毒药》（1957年）、吉行淳之介的《骤雨》（1954年）等。

世界文化进入多元化时期，日本当代文学的多元性作品多为以表现西方文明濒临崩溃、文化转型期的青年一代的心态和现代所关注的事件与问题为主。如三浦哲郎的获奖作品《在白夜里旅行的人们》（1985年），开高健的《闪光的黑暗》（1968年），大江健三郎的《万延元年的足球队》（1967年）和《个人的体验》（1964年），村上春树的《挪威的森林》（1987年）和《海边的卡夫卡》（2002年），东野圭吾的《放学后》（1985年）、《秘密》（1999年）、《白夜行》（1999年）等。

第五节　诗歌、俳句、短歌

一、诗歌

日本诗歌的渊源是收录于《古事记》《日本书纪》中的歌谣。到了8世纪中叶，日本编成第一部诗歌总集《万叶集》，它在日本文学史上的地位相当于中国的《诗经》。

日本古典诗歌主要的特点如下：

一是小巧的、抒情性的、非叙事性的。古典诗歌的基本形式为和歌、俳句，都非常短小，不具备叙事功能，所以日本没有真正的叙事诗。日本古典诗歌的抒情方式是日本人独有的，其特点是感受性、情绪性、柔弱性、淡雅性。诗人们只是抒发对客观事物的一种感受，这种感受是细腻轻柔的，绝无阿拉伯诗歌的那种粗犷狂放，也无中国诗歌所推崇的"风骨"精神。

二是非说理性、无逻辑性和无思想性。日本古典诗歌中没有哲理诗、格言诗，诗人从不把说明、表达某种思想作为写诗的任务和目的。日本诗歌只是写一景或表达一种感受，这只相当于中国诗歌中的"比""兴"的部分。

三是超现实性、消遣性和唯美倾向。日本诗人把写作和歌看成是一种艺术修养，一种高雅的怡情养性的消遣，所以，历代诗人关心和讨论的不是诗与现实、诗的思想内容等问题，因此，在某种意义上可以说，日本的古典诗歌是一种高级的语言艺术游戏，它的主要目的在于欣赏这些诗句来满足人们的消遣心理。

四是题材的单纯性。日本诗歌的题材绝大多数是四个季节、风花雪月、生死离别之作，其他题材极不受重视。题材的单纯是由日本和歌独特的审美特质所决定的。

二、俳句

俳句，是日本的一种古典短诗，是中国古代汉诗的绝句在日本以小诗的形式发展而来的。俳句的主要特点是"五－七－五"字的三句诗，以3句17个音节为一首，首句5个音节，次句7个音节，末句5个音节。俳句要求严格，受"季语"的限制，是日本独特的定型诗。诗中必用"季语"，即表达季节特征的词语，每个季语都对应一个时节。俳句通过有限的17个音节精练地表现自然美和人们的心情，而季语恰恰能浓缩表达作者所指情境。俳句中一定有季语，这是日本人对自然界的敏感和畏惧而产生的日本独有的文学特点。

1. 俳句的起源

连歌是源于15世纪日本的一种诗歌，来源于中国汉诗的绝句，是由多个作家共同创作出来的诗。连歌是一种独特的诗歌体裁，称为文学上的"七巧板"，它着重文句的堆砌和趣味，而不是个人感情的抒发。它的第一句为五、七、五句式的17个音节，称为发句，胁句为七、七句式的14个音节，第三、第四句以后为前两种句式轮流反复，最后一句以七、七句式结束，称为结句。连歌格调高雅，是古典式的诗。连歌中承袭了中式的审美意识，其写作方法是引用古典的故事来创作诗句。其后，连歌渐渐被一种称作"俳谐"的幽默诗所代替。

俳谐，指诙谐或戏谑的言辞。俳谐诗，又称俳体诗、谐趣诗、诙谐诗等，是内容以诙谐幽默或讽刺嘲噱为主的诗歌。格律上，有的严守规则，有的除押韵外，不甚遵守一定的规则，形式比较灵活多样。俳谐诗约分为幽默诙谐诗、打油诗以及部分杂体诗。

俳谐和连歌一样，也是由17个音节和14个音节的诗行组合展开的诗。但是，俳谐将连歌讽刺化，加入了庸俗而且时髦的笑话。俳谐较多地使用谐音的俏皮话，而且喜欢使用连歌中没有用过的富有生活气息的事物做题材。俳谐中，开始有人将发句作为独立的作品来发表，就独立出现俳句这种新的诗歌形式。

2. 俳句与汉诗

俳句的原型是中国古代汉诗中的绝句。日本中古的时候将中国汉诗的乐府诗发展为和歌，和歌的格式是5句31个音节。后因多人合咏和歌，出现了长短连歌。由于俳句起源于连歌，为连歌的发句，即3句17个音节。连歌的胁句，为2句14个音节。加起来正好是31个音节。古代日本诗人大半都能作中国汉诗，并对此非常喜爱，所以，俳句的形成有可能是日本人从绝句和律诗的关系上得到的启发。

而日本俳句诗人，大部分能写汉诗，也有很多把中国的汉诗俳句化。比如松尾芭蕉的俳句："长夏草木深，武士留梦痕"便是借鉴杜甫的《春望》诗句"国破山河在，城春草木深"所作。

3. "俳圣"松尾芭蕉

松尾芭蕉被日本人称为"俳圣"，他对日本俳句的发展起了举足轻重的作用。松尾芭蕉作为俳谐连歌诗人而著称。松尾芭蕉的主要作品有：《荒野纪行》《鹿岛纪行》《幻住庵记》《深处的小路》《俳谐七步集》等，表达了一种悠闲的生活态度。例如：

《初春》：雪間より薄紫の芽独活哉（译文：雪融艳一点，当归淡紫芽）

《夏天》：蛸壺やはかなき夢を夏の月（译文：章鱼壶中梦黄粱，天边夏月）

三、短歌

短歌，就是由5个音节、7个音节、5个音节、7个音节、7个音节，也就是"五-七-五-七-七"的5句，共31个音节组成的定型短诗。由于日语语音系统太过简单，无法像汉诗那样押韵，只能通过音节数目来体现韵律。历史上除短歌以外，还出现过长歌、片歌、旋头歌、佛足石歌等诗歌。其中短歌是最重要、最受推崇的一种体裁，成为日本古代诗歌的代表。"和歌"一词，

第七讲　日本文学

狭义即是指短歌，广义则是指《万叶集》里出现过的所有体裁。短歌5个音节和7个音节的格式，一般被认为是受汉诗的五言诗、七言诗的影响而创造的诗歌。例如：

正冈子规的《春之将至》：我庭の/小草萌えいでぬ/限りなき/天地今や/よみがへるらし（译文：我庭小草复萌发，无限天地行将绿）

正冈子规的《春雨》：春雨や伞高低に渡し舟（译文：渡船春雨至船上伞高低）

石川啄木的诗：かなしみといはばいふべき 物の味 我の尝めしはあまりに早かり（译文：说是悲哀也可以说吧，事物的味道，我尝得太早了）

たはむれに母を背負ひて そのあまり軽きに泣きて 三步あゆまず（译文：玩耍着背了母亲觉得太轻了，哭了起来，没有走上三步）

1. 短歌的历史

6世纪末7世纪初的《日本书纪》里，第一次记录了日本古代民谣，称为"記紀歌謠"。这标志着日本诗歌将脱离信口吟唱的原始水平，而开始向"着意创作"这个新的方向迈进。然而此时的和歌还没有形成五七调式。

大化革新之后，朝廷和贵族中间产生了对日本自己的"国风文化"的追求。这种追求集中体现在通过编集《万叶集》所形成的"万叶歌风"中。当时的和歌质朴无华，用"万叶假名"书写，艰涩难懂，存在许多无法掩饰的幼稚与粗糙。7世纪诗人柿本人麻吕，被称为"歌圣"。他在汉诗汉文方面颇有造诣，还将汉诗的构思与技法运用于和歌的创作之中。

7世纪末8世纪初开始，日本不断派遣使者到中国学习唐朝文化，形成"唐土憧憬的思潮"。"万叶歌风"衰落以后，日本文坛出现了国风文学的空白，由汉诗文独占鳌头。汉诗被认为是高雅的文化修养，而和歌则被视为雕虫小技。以838年藤原岳守将《元白诗笔》奏承仁明天皇为初始，白居易的诗打动了素性多愁善感的日本民族，对《源氏物语》也产生了很大的影响。这一时期有"敕撰三集"，即天皇下令编撰的日本汉诗集，由《凌云集》《文华秀丽集》《经国集》组成。僧人空海编集了《文镜秘府论》，是第一部探索汉诗理论的著作。772年藤原滨成奉敕撰写的《歌经标式》是第一部研究和歌创作的论著。

唐朝的安史之乱使得日本人开始反省一心向唐的思潮，对重振日本国风文化有了新的认识和思索。9世纪开始，平假名开始被普遍使用，大大方便了和歌以及日语文学的创作。

进入明治时代，短歌也被卷入革新的浪潮。落合直文堪称日本近代和歌革新运动的开山祖师。他于1893年创立浅香社，与谢野铁干、尾上柴舟、金子薰园等许多为短歌革新作出杰出贡献的诗人，都是在浅香社诞生的。其中最著名的是与谢野铁干，他于明治30年代创建了"新诗社"，并发行短歌杂志《明星》，被称为"明星派"。其妻子与谢野晶子创作了短歌集《乱发》，以热情奔放的笔调，自由大胆地讴歌青春与情爱。明星派著名诗人还有洼田空穗、石川啄木、北原白秋、吉井勇、木下杢太郎等。

与"明星派"相对抗的一派是正冈子规领导的"根岸短歌会"（"根岸派"），创立了以写生手法为主的客观写实主义的风格。根岸派著名诗人有香取秀真、伊藤左千夫、长冢节等人。明治40年代，日本文坛正是自然主义的全盛时期，出现了以若山牧水、土岐哀果、前田夕暮、石川啄木等人为代表的"人生派"诗人。还有一批诗人开始尝试在短歌中运用现代日语口语，让普通人也能参与到短歌的创作和吟诵中来。

2. 短歌的修辞手法

（1）枕词

枕词通常为5个音节，是约定俗成的修饰特定语句的词，例如"茜さす（あかねさす）"会引出"日、昼、紫、照る"等词。主要用于调整节奏，有暗示、象征的效果，增加诗句的美感，一般不译出。

（2）序词

序词的作用与枕词类似，但序词长度在7个音节以上甚至多达三四句，有具体的内容，与后面的被修饰语句有比喻或挂词的关系。序词分为有心之序与无心之序，前者指通过意义与后文关联，后者指通过读音与后文关联。例如：

《万叶集·2802》歌：思へども　思ひもかねつ　あしひきの　山鳥の尾の　長きこの夜を

歌中用山鸡的长尾来比喻漫漫长夜，"長き"一词连接了喻象与原象。

（3）挂词

挂词可以简单理解为同音词，用在短歌中起到一语双关、丰富内涵的作用。例如：

《古今集·365》歌：花の色は　うつりにけりな　いたづらに　わが身世に　ふる　ながめせしまに

"ふる"是"降る"（降落）和"経る"（经过）的挂词，"ながめ"是"眺め"（沉思）和"長雨"的挂词。最后两句歌，同时表达了两种含义，一是眼前绵长的春雨，二是诗人陷入对年华易老的沉思。

（4）缘语

缘语是彼此相互关联的词语，例如：

《古今集·415》：糸による　ものならなくに　別れぢの　心細くも　思ほゆるかな

歌由丝线联想到岔路，由丝线的细联想到"心細く"。

（5）取本歌（本歌取れ）

"本歌取れ"类似汉诗的用典。与汉诗不同的是，和歌的用典既可以直接化用原句，也可以由某地某景联想其原诗。

（6）歌枕

歌枕最初包括枕词，后来指代和歌中反复咏唱的日本各地的名胜。

（7）反歌

反歌指附在长歌之后对长歌的内容起补充、加强或概括作用的短歌，《万叶集》中常见。

（8）字余及字不足

顾名思义，字余指的是一句的音节超过了规定的数目，字不足则是缺少了音节。现在日本国歌"君が代"就是字余的一个最好例证。例如：

君が代は/千代に八千代に/さざれ石の/いわおとなりて/こけのむすまで（"五-七-六-七-七"音，一首32个音节）

（9）名词结尾（体言止め）

短歌的最后一句以体言（名词）结束，能使人产生余音绕梁之感，加强作品的余韵。

（10）断句（句切れ）

"句切れ"即根据短歌的内容、意义给短歌断句。根据断句的位置可以把短歌分为五七调和七五调。五七调把断句放在第二句或第四句，《万叶集》中常见。七五调把断句放在第一句或第三句，《古今集》及其之后常见。

思考题

1. 选取你最感兴趣的作家，了解该作家以及其作品，并与大家分享。
2. 选取你最感兴趣的文学作品，写一篇读后感。
3. 探讨中日文学作品的异同点。
4. 每部文学作品都会受到时代背景的影响，结合具体文学作品，谈谈你的看法。
5. 日本的短歌、俳句的特点是什么？

第八讲　日本语言

　　日语属于黏着语，通过在词语后粘贴语法成分来构成句子，称为活用，其间的结合并不紧密，不改变原来词汇的含义，只表示语法功能。日语有口语和书面语的区别，词句有简体和敬体、普通和郑重、男与女、老与少的区别。这些语言特征体现出日本社会森严的等级思维。日语中的敬语发达，敬语的使用使得公众场合下的日语十分典雅。但过于烦琐的语法使得学习敬语异常困难，即使土生土长的日本人也不能完全熟练应用敬语表达。日语的发音很简单，只有五个母音音素和为数很少的辅音。日语的词汇十分丰富且数量庞大，大量吸收了外来语。

第一节　日本文字的来源与特点

　　日语的文字包括假名、汉字和罗马字，汉字是表意文字，而假名是表音文字。其中假名包含了平假名、片假名。从来源看，包含了"和语（和語，

来源于汉字草书的平假名一览

わご）""汉语（漢語，かんご）""外来语（片仮名語，かたかなご）"。平假名来源于汉字的草书，外形较为圆柔，一般用于表达"和语"，即日本本土产生的词汇；片假名来源于汉字的楷书，外形较为方正，一般用于表达西方传入的外来词汇。汉字本用于表达汉语词汇，也有用于表达"和语"的语义部分。有的词汇是多种文字组合，具有多种组合方式。

ア阿	イ伊	ウ宇	エ江	オ於
カ加	キ機	ク久	ケ介	コ己
サ散	シ之	ス須	セ世	ソ曽
タ多	チ千	ツ川	テ天	ト止
ナ奈	ニ仁	ヌ奴	ネ祢	ノ乃
ハ八	ヒ比	フ不	ヘ部	ホ保
マ末	ミ三	ム牟	メ女	モ毛
ヤ也		ユ由		ヨ與
ラ良	リ利	ル流	レ礼	ロ呂
ワ和	ヰ井		ヱ恵	ヲ乎
ン尓				

来源于汉字楷书的片假名一览

一、日语中假名的来历

在古代，日本民族没有自己的文字。后来，汉文化传入日本，日本人才开始能用汉文记事。5世纪中叶之后，日本人民创造了用汉字作为表记符号来书写日语的方法。至8世纪，这种将汉字作为表记符号的方法已经被普遍采用，日本古代著名的诗歌集《万叶集》就是采用这种书写方法。如日语的"山"，读作"やま"，在《万叶集》中就用"也麻"两个汉字来书写；"樱"读作"さくら"，就用"散久良"三个汉字来书写。日语中的助词"て、に、を、は"等则用"天、尓、乎、波"等汉字来表示。这种书写方法后来被称为"万叶假名"。但是，用万叶假名式的汉字记事作文十分繁杂，因此后来慢慢简化，只写汉字楷书的偏旁，如"阿"—"ア""伊"—"イ""宇"—"ウ"

等。另外，柔和的汉字草书适合于书写日本和歌，尤其在盛行用草书书写信件、日记、小说之后，逐渐形成了一种简练流畅、自由洒脱的字体，如"安"—"あ""宇"—"う"等。最终日本创造了他们的文字：汉字+假名、罗马字。

至此，日本民族终于利用汉字创造了自己的文字。由于这些文字都是从汉字字形假借而来的，因此称为"假名"。根据假名的书写方法不同，取自汉字楷书偏旁的称为"片假名"（カタカナ），从汉字草书演变而来的称为"平假名"（ひらがな）。片假名和平假名都是以汉字为基础创造的表音文字。一般书写和印刷都用平假名，片假名通常用来表示外来语和特殊词汇。

例如：これは日本のテキストです。（这是日语课本。）

这个句子中的"これは""の""です"就是平假名。平假名是日语中很重要的一部分，它可以直接构成单词，如，例中的"これ"就是"这个"的意思；の是"的"的意思，前面的"は"和最后的"です"用在一起表示判断，也就是"……是……"的意思。平假名也可以充当句子中的其他无具体意思的成分，如，例中的"は"就是一个助词，用来分隔"これ"和"日本のテキストです"。另外，平假名还是日文中汉字读音的基本单位，和汉语拼音的作用有相似之处。

句中的"テキスト"是片假名。片假名和平假名是一一对应的，读音相同，只是写法不同。片假名主要用来构成西方外来语及其他一些特殊词汇的表音。如，例中的"テキスト"的意思是"课本"，就是英语单词"text"的音译。随着时代的变化，日语中的外来语越来越多，据说如今每年增加大概10 000个外来语。

此外，日语中还有用源于罗马的拉丁字母来表示日语的方法，称为"罗马字"，类似中文的"拼音"。罗马字主要多见于人名、地名、机构名等专有名词，并常用于日文电脑输入法。

二、日语中的汉字

中文繁体字在日语中称为汉字，实际上是表意符号，每一个符号都代表一件事或一个观点。常见的是一个汉字有一个或一个以上的音。在日本，汉字是用来书写起源于中国的词和土生土长的日本词。

例如，"日本語"是汉字。"日本語"就是"日语"的意思，但它的发音却不是中文字的发音，"日本語"的读音为"にほんご"。

日语中有很多汉字，常用汉字有2000～2200个，与中文的常用汉字数量比较相近，且大部分与其汉语意思有关，但读音往往不同。也有不少日语中汉字的意思和汉语意思不同。如，"娘"在日语中的意思并不是"妈妈"，是"女儿"。

1946年，文部省将通用和正式使用的汉字定在1850个，包括小学和初中所教的996个字。2010年4月，日本文化审议会汉字小委员会汇总了新《常用汉字表》的最终方案，共收录了2136个字。除在现行1945个汉字的基础上新收录"俺""冈""赂"等196个字外，还删除"匁"等5个字。

第二节　日语语音

日语元音的数量少，只有5个元音，不同于汉语的多元音。日语元音、辅音、拨音等所有的发音平假名相对应片假名。

1. 元音

日语的元音只有5个，即"あ""い""う""え""お"。与汉语不同的是，日语自然发音时，唇形变化比汉语小，发音时口形和声调的高低始终不变。

2. 辅音

清音：か行、さ行、た行、な行、は行、ま行、や行、ら行、わ行
浊音：が行　ざ行　だ行　ば行
半浊音：ぱ行

3. 拗音

由辅音k、s、t、n、m、r、p、g、z、b加半辅音y和元音a、u、o形成，用平假名"き""し""ち""に""ひ""み""り"等和小的"ゃ""ゅ""ょ"组合起来书写。如：きゃ、しゃ、ちゃ，きゅ、しゅ、ちゅ、きょ、しょ、ちょ等。

4. 拨音

日语音节末出现"ん"称为拨音，它的发音根据后续的音节而变化。比如，在"がんばる"中发[m]，在"せんせい"中发[n]，在"じかん"中发[ŋ]。

5. 促音

促音发生在か、さ、た和ぱ行之前。书写形式是假名"つ"的小写"っ"，

如ざっし、きって等。

6. 长音

汉语普通话中没有由于元音的发声长短而表示不同意思的现象。日语中，元音的长度有两种。长元音的长度大致为短元音的两倍。例如，短元音的え是"絵"的意思，而长元音ええ则意为"是""对"，表示肯定的应答。长音分为五种：

"あ"段+"あ" 如：おかあさん、おばあさん、アパート
"い"段+"い" 如：おにいさん，おじいさん、ニート
"う"段+"う" 如：くうき、すうがく、ツール
"え"段+"え""い" 如：おねえさん、せんせい、セーター
"お"段+"お""う" 如：いもうと、とおい、コーヒー

7. 拗长音

きゃあ、きゅう、きょう，ミャー、ミュー、ミョー

8. 日语的发音特点

（1）音节较单纯。日语与汉语同为音节语言。但音节却远不如汉语丰富。汉语仅以a、b、c、d这四个拼音字母开头的音节就有250多个。而日语的音节是以假名为单位，清音、浊音、半浊音，都是一个假名一个音节，除去发音相同者外，加起来不过67个（这里没有把通常列入"清音表"中的"ん"计算在内）。

（2）发音部位比较集中在口腔的中前部，没有纯舌尖音和后舌音。

（3）发元音时，舌位严格，发音清晰，不容易受辅音的影响。除去ア、イ、ウ、エ、オ这五个元音本身外，每个假名的发音都含有元音，没有单独的辅音节。

（4）发辅音时，舌头运动不太活泼，比较趋向自然位置，喉音较多。

（5）清浊音、长短音、促音、拗音与平音的区别非常严格。

（6）有送气和不送气音之分。一般来说，か、た、ば三行假名位于词首时发送气音，位于词中、词尾时发不送气音，不送气音声带不震动。

第三节　日语词汇的分类与构成

一、分类

日语的词类称为"品词"，按照意义、形态和在句中的作用，可以分为十二类。

日语中的单词总体上可以分为两大类：独立词和附属词。

1. 独立词

（1）体言——无词尾变化，其中名词、代名词、数词可作主语。

名词（めいし）：表示人或事物的名称，如，佐藤（さとう）、学生（がくせい）、和室（わしつ）。

代名词（だいめいし）：用来代替人或事物的名称，如，私（わたし）、僕（ぼく）、これ、ここ。

数词（すうし）：表示数目和数量的单位，如，一時（いちじ）、五（いつ）つ。

副词（ふくし）：修饰用言，如，とても、あまり。

连体词（れんたいし）：修饰体言，如、この、こんな、おおきな。

连续词（せつぞくし）：起接续作用，如，また、だから。

感叹词（かんたんし）：表示感叹，呼唤或应答，如，うん、ええ、はあ。

（2）用言——有词尾变化，可单独作谓语。

动词（どうし）：表示动作、存在或状态，如，読（よ）む、起（お）きる、する、来（く）る。

形容词（けいようし）：表示性质或状态，如，おいしい、青（あお）い、若（わか）い、寒（さむ）い。

形容动词（けいようどうし）：表示性质或状态，这是日语当中特有的一种品词，它具有形容词的功能，但又具有和动词一样的词尾变化，所以叫形容动词。如，有名（ゆうめい）だ、きれいだ、静かだ。

2. 附属词

助词（じょし）：无词尾变化，附加在词后，表示词的语法地位或与其他词的关系，增加含义。

助动词（じょどうし）：有词尾变化，用在用言或助动词后，起一定的语法作用。

单词	独立词	有词尾变化。可以单独作谓语（用言）			动词
					形容词
					形容动词
		无词尾变化	可作主语（体言）		名词
					代词
					数词
			不可作主语	可作修饰语	修饰用言	副词
					修饰体言	连体词
				不可作修饰语	起连接作用	接续词
					不起连接作用	叹词
	附属词	有词尾变化			助动词
		无词尾变化			助词

二、构成

1. 固有词

固有词是日本民族原来的词汇，又称"和语"，主要是日常生活中的动词和具象的名词。

2. 汉字词

日语受到汉语的影响很大。在日语里，有语法实意的词都含有汉字且大部分与实意相关。所以通常懂汉语的朋友，即便不懂日语，看到一个短句也能明白大概的意思。不过，因为影响日语的是文言文而不是白话文，所以有些词也不能以现代汉语的角度去理解。

还有一些词语虽然也含有汉字（特别是日本人自造的汉字），不过意思却相差很多。如："時間"（じかん）不等于汉语中的时间，代表是一个时间段，类似这种的还有"年間"（ねんかん）等。

从汉字中可以理解意义的词语

日语	读音	汉语意义
体重計	たいじゅうけい	体重计
庭	にわ	庭院
美術館	びじゅつかん	美术馆
記念品	きねんひん	纪念品
問題	もんだい	问题
全員	ぜんいん	全员（所有人）
公園	こうえん	公园
お茶	おちゃ	茶
学校	がっこう	学校
午前	ごぜん	上午
午後	ごご	下午

从汉字中可以猜出意义的词语

日语	读音	汉语意义
時計	とけい	时钟
人形	にんぎょう	人偶
元気	げんき	健康
映画	えいが	电影
卒業	そつぎょう	毕业
授業	じゅぎょう	上课（有时只指"课"）
洋服	ようふく	泛指除"和服"外的服装
冬休み	ふゆやすみ	寒假
夏休み	なつやすみ	暑假
春休み	はるやすみ	春假
自分	じぶん	自己

续表

日语	读音	汉语意义
会社	かいしゃ	公司
頑張る	がんばる	坚持；努力

汉字与意义截然不同的词语

日语	读音	汉语意义	误解
朝飯前	あさめしまえ	简单/小菜一碟	早餐前
一味	いちみ	（干坏事）一类人	一个味道
遠慮	えんりょ	客气	长远考虑
大丈夫	だいじょうぶ	没关系；适当	有志气、有节操、有作为的男子
大方	おおかた	一般人	慷慨
留守	るす	不在家	居留下来看管
手紙	てがみ	信	纸巾
大家	おおや；たいか	房东；权威专家	众人，大伙
女将	おかみ	老板娘	女将士
十八番	おはこ	拿手好戏	十八次
一番	いちばん	最好的	一遍
汽車	きしゃ	火车	车
残業	ざんぎょう	加班	残缺的事业
邪魔	じゃま	妨碍，打扰	邪恶的魔鬼
魔法瓶	まほうびん	保温杯	装了魔法的瓶子
帝王切開	ていおうせっかい	剖腹产	把帝王切开；被帝王切开了的东西
天地無用	てんちむよう	请勿倒置	天地都是没用的
泥棒	どろぼう	贼；小偷	用泥巴制成的棒子
誘導	ゆうどう	感应	引导；劝诱

3. 外来语

日语不仅有丰富的本土产生的词汇和语，还有许多源自他国的词。如一些从汉语来的外来语在目前的日常生活中使用广泛，以致它们不被认为是从日本之外引进的外来语。在19世纪晚期和20世纪初从西方引进新概念时，经常用日语文字的新搭配来翻译它们。这些词成为现代日本人所使用的知识词汇的重要组成部分。

例如：电视——テレビ、香蕉——バナナ、本子——ノート、洗发露——シャンプ。

日语中许多词汇是从英语和其他欧洲语言借来的。虽然造新词的方法继续存在，但以原状引进西方的词汇的做法很普遍，如ボランティア——volunteer（志愿者）、ニュースキャスター——newscaster（新闻广播员）等。日语还创造了一些"和制英语"（英语中实际没这些词）诸如 ナイター——nighter（夜晚的运动比赛）、サラリーマン——salaryman（靠工资生活的人）等。外来语主要用片假名来书写。

日语片假名只是一个表音的文字符号，如果只看单词表面根本无法知道该单词的具体意思。日本人制造片假名完全是为了引进或翻译来自日本以外的外来语。比如：日本人不把英文"drink"翻译成"饮料/飲み物"，而直接采用音译法根据该英文的读音把它译成"ドリンク"。因此从理论上讲，日语的片假名单词也就是外来语可以说是不计其数的。

正是因为上述原因，任何一个日本人都可以把一个外国的单词简单地翻译成一个与之相对应的日语片假名单词，甚至可能该片假名单词从未在日本国内的其他任何地方出现过。有的时候同一个外来语单词可以有2种或更多的片假名单词的书写形式。有些日语片假名单词，因为还没有被广大的日本大众接受或业界人士的认可，它可能在日本的现实生活中也只能注定是昙花一现的命运，有的也会消失。一般片假名常用在外国人的人名、外国的地名、日本国内或国外的一些公司的名称、产品的商标名和品牌名、建筑物的名称，甚至有的日本人喜欢把平假名写成片假名。如，大家熟悉的ユニクロ（优衣库）、イーオン（永旺）等国内国外都用的名称。

第四节 日语语法

一、概述

按语言结构特点分类，日语属于黏着语，文章基本结构是SOV（主语+宾语+谓语）语序。

在语言表达上分为简体和敬体（句），具有非常发达的敬语体系。

作为一种基本的结构，典型的日语句子的句式是主语+宾语+谓语。例如：弟（おとうと）はご飯（はん）を食（た）べている。照字面直接的意思是"弟弟在吃饭"。

当说话人认为从语境中听话人能理解，也就是谈话者或作者自信谈话对象对所谈及的情况或内容有一定了解时，经常会省略主语或宾语。在这种情况下，上面句子可以说成，"ご飯を食べている"（"在吃饭"）或仅为："食べている"（"在吃"）。

日语不像英语，词序并不能表明名词在一个句子中的语法作用。名词并不像某些语言，会因语法需要变化。代之，语法作用是通过名词后面的助词来表示的。如，在日语中が、は、を、に和の等助词有非常重要的作用。

日语中的动词变格不能反映出人称和单复数。在现代日语中，所有动词在字典中的形式都是以う段假名（う、く、ぐ、す、つ、ぬ、ふ、ぶ、む、る）结尾。动词"食べる"就像英语中"吃"的动词原形"eat"，尽管它本身实际上是一般现在时和将来时，意思是"eat（吃的动词原形）/eats（吃的第三人称单数）"或者"will eat"（吃的将来时）。日语用言还有多种变格形式，见下表。

活用形	动词	形容词	形容动词
未然形	書か（ない） 書こ（う）	暑（つよ）かろ（う）	元気（げんき）だろ（う）
连用形	書き（ます） 書い（て）	暑く	元気に
终止形	書く	暑い	元気だ

续表

活用形	动词	形容词	形容动词
连体形	書く	暑い	元気な
假定形	書け（ば）	暑ければ	元気なら（ば）
命令形	書け	—	—

二、时态

日语的时态大致分为过去时、非过去时。日语的现在时和将来时，也就是非过去时没有明显的时态标记，要靠文章句尾和上下文的关系进行区别。日语过去时、非过去时都由用言附加各种表示时态的助动词来表示。

1. 过去时

过去时表示说话以前的动作或状态，构成如下：

判断句：体言+だった
　　　　体言+ではなかった
描写句：形容词连用形かっ+た
　　　　形容词连用形く+なかった
　　　　形容动词连用形だっ+た
　　　　形容动词词干+ではなかった
叙述句：动词连用形+た
　　　　动词未然形+なかった

例句：

①彼（かれ）はこちらの会社員（かいしゃいん）だった。（简体）/彼はこちらの会社員でした。（敬体）（他原来是这里的职员。）

②ご飯を食べた。（简体）/ご飯を食べました。（敬体）（已经吃晚饭了。）

③昨日（きのう）は暑かった。（简体）/昨日は暑かったです。（敬体）（昨天很热。）

④彼女（かのじょ）は若（わか）い時（とき）、綺麗（きれい）だった。（简体）/彼女は若い時、綺麗でした。（敬体）（她年轻时很漂亮。）

2. 非过去时

非过去时，主要包括现在时和将来时。日语的现在时表示说话正在进行的动作或状态，或者表示一种习惯，经常发生的动作或状态。

（1）现在时的构成如下：

　　判断句：体言+だ
　　　　　　体言+ではない

　　描写句：形容词终止形
　　　　　　形容词连用形く+ない
　　　　　　形容动词终止形
　　　　　　形容动词词干+ではない

　　叙述句：动词终止形
　　　　　　动词未然形+ない

例句：

①明日（あした）雨（あめ）が降（ふ）る。(简体)/明日雨が降ります。(礼貌体)（明天会下雨。）

②ご飯を食べている。(简体)/ご飯を食べています。(敬体)（正在吃饭。）

③今日（きょう）は暑い。(简体)/今日は暑いです。(敬体)（今天热。）

④図書館（としょかん）は静（しず）かだ。(简体)/図書館は静かです。(图书馆很安静。)

（2）日语的将来时表示未来可能发生的动作或状态，也可以表示对未来的推测。构成如下：

　　判断句：体言+だろう
　　　　　　体言+ではあるまい

　　描写句：形容词未然形かろ+う
　　　　　　形容词连用形く+あるまい
　　　　　　形容动词未然形だろ+う
　　　　　　形容动词词干+ではあるまい

　　叙述句：五段动词未然形+う
　　　　　　一段、サ变、カ变动词未然形+よう
　　　　　　五段动词终止形、一段、サ变、カ变动词未然形+まい

例句：

①彼は学生だろう。
②明日は暑かろう。
③そこには行くまい。

第五节　日语敬语

日本社会是一个等级森严的社会，主仆、上下、长幼尊卑均有其不可更改的秩序，因此，日本人发展了一个复杂而完整的敬语体系，用以根据说话人与听话人的尊卑上下、亲疏远近关系而变换说法或表现形式。敬语就是日常语言活动中的礼貌形式。敬语的熟练使用者具有广泛的可供选择的词汇和表达方式，以便达成所希望的礼貌程度。一个简单的句子可以有20多种表达方式，取决于说话人与听话人之间的相对地位关系和亲密程度等。

两个人初次见面，不了解对方属于哪个阶层，或其社会地位看似相同时，也有一种可供使用的中性或中等级语言表达。

日语的敬语一般分为尊敬语、自谦语、郑重语3种。

1. 尊敬语（尊敬語，そんけいご）

尊敬语是指对对方的行为、状态等表示尊敬的表达。尊敬语的主要表达形式如下：

（1）动词+れる、られる

例：どこかへ行（い）かれますか。（您去哪里？）

　　おうちにどなたか来（こ）られましたか。（家里来客人了吗？）

（2）お+动词（ます形）+になります

例：もうお食（た）べになりましたか。（您已经吃完了吗？）

　　お書（か）きになってください。（麻烦您写一下。）

（3）お/ご+动词（ます形）+くださる

例：どうぞお入（はい）りください。（请进。）

　　どうぞご利用（りよう）ください。（请用。）

（4）お/ご+动词词干+です

例：先生（せんせい）はもうお帰（かえ）りですか。（老师您要回去了？）

（5）お/ご～なさる

例：ご心配（しんぱい）なさらないでください。（不要担心。）

　　お入（はい）りなさい。（请进。）

（6）接头词、接尾词、接头接尾并用

接尾词指人名后接"様（さま）""さん""殿（どの）""陛下（へい

か)""先生""先輩""閣下""社長""部長"等。接头词指名词前接"お""ご""御(おん)""み""尊""貴""玉"等。接头词和接尾词并用，如：りさん、安田(やすだ)先輩、佐藤(さとう)様、ご苦労さん等。

(7) 形容词、形容动词、副词等前接お/ご

お忙(いそが)しい、ご多忙(たぼう)、お若(わか)い、お上手(じょうず)、ごゆっくり等。

(8) 尊敬语常用动词

見(み)る—ご覧(らん)になる

食べる/飲(の)む—召し上がる

行く/いる—いやっしゃる、おいでになる

来る—いらっしゃる、おいでになる、見える、お見えになる、お越しになる

する—なさる

言(い)う—おっしゃる

知っている—ご存(ぞん)じですか、着る—召(め)す、お召しになる

例：風邪(かぜ)を引く—お風邪を召す(感冒)

年(とし)を取(と)る—お年を召す(上年纪了)

気(き)に入(い)る—お気に召す(满意)

2. 自谦语

自谦语是以谦虚的态度讲述自己或相关事物来间接表达对对方的敬意的表达。自谦语的主要表达形式如下：

(1) お/ご＋动词(ます形)＋します

例：私(わたし)がお話(はな)します。(我来发言。)

今(いま)からご説明(せつめい)しましょう。(汉译：现在，由我来解释吧。)

(2) 自谦语常用动词

見る—拝見(はいけん)する

食べる/飲む—いただく 行く/来る—参る(まいる)、伺(うかが)う、上(あ)がる 聞く—伺(うかが)う、承(うけたまわ)る、拝聴(はいちょう)する

する—致（いた）す
言う—申（もう）す、申し上げる
あげる—差（さ）し上げる
もらう—いただく、ちょうだいする、賜（たまわ）る
知っている—存じている
尋（たず）ねる—伺う、上がる
思（おも）う—存じる
会（あ）う—お目（め）にかかる
借（か）りる—拝借（はいしゃく）する
分（わ）かる—承知（しょうち）する、かしこまる

3. 郑重语

郑重语是说话人为了向听话人表达敬意或使语言听起来柔和、高雅的表达方式。郑重语的表达形式如下：

（1）です／ます

例：これは本（ほん）です。（这是书。）
　　いま、行（い）きます。（现在去。）

（2）ございます

① "ございます"的汉字"御座います"是表示"存在する"的动词。除动词外还可表示断定的"补助动词"。换句话说"ある"的郑重语为"あります"，"あります"更郑重的表达就是"ございます"。

例：お菓子（かし）はそちらにあります。→お菓子はそちらにございます。（点心在那里。）
　　資料（しりょう）が机（つくえ）の上（うえ）においてあります。→資料が机の上に置いてございます。（资料在桌上。）

② "です"的更郑重的表达是"でございます"。

名詞＋でございます

例：これは本でございます。（这是书。）
　　資料でございます。（这是资料。）

形容動詞＋でございます

例：静（しず）かでございます。（安静。）
　　有名（ゆうめい）でございます。（有名。）

（3）形容词后续ございます按照词干最后一个假名所在行的段可以分为四种。

あ段：词干最后一个假名改为该行お段假名+うございます

例：はやい → おはようございます　ありがたい → ありがとうございます

い段：词干最后一个假名改为ゅ拗音+うございます

例：よろしい → よろしゅうございます

う段：直接去掉い+うございます

例：寒（さむ）い → さむうございます

お段：直接去掉い+うございます

例：遠（とお）い → とおうございます

思考题

1. 请讲述日语语言的特点。
2. 日语中的汉字与中文汉字有什么相同点和不同点？
3. 日语文字书写有哪些特点？
4. 日语语言表达与时代发展有什么关系？

参考文献

日文参考资料

[1] https://www.stat.go.jp/data/jinsui/new.html，日本总务省统计局，2020.2

[2]「日本人の食事摂取基準」，厚生労働省，2020.

[3]「食育に関する意識調査」，农林水产省，2020.

[4]「小学校新学習指導要領」，文部科学省，2020年改正.（2020年开始实施）

[5]「中学校新学習指導要領」，文部科学省，2020年改正.（2021年开始实施）

[6] 村瀬拓人,「日本経済見通し」，日本総研，2020.

[7]「貿易相手先国上位10カ国の推移」，財務省貿易統計，2019.

[8]「学校基本調査」，文部科学省，2019.

[9]「日本の経済成長率」/「国民経済計算」，内閣府，2019.

[10]「国民健康・栄養調査」，厚生労働省，2019.

[11]「学校給食実施状況調査」，文部科学省，2019.

[12]「子どもの学校外での学習活動に関する実態調査報告」，文部科学省，2018.

[13]「地域におけるICT利活用の現状及び経済効果に関する調査研究」，総務省，2017.

[14]「学校外教育活動に関する調査」，ベネッセ教育総合研究所，2017.

[15]「高校・大学進学率の推移」，e-Stat学校基本調査年次統計，2017.

[16] 大野和興,「食料自給率が低いことがなぜ問題か」,「DEARニュース」11号，開発教育協会，2014.

[17]「平成25年住宅・土地統計調査」，総務省統計局，2014.

[18]「社会保障の給付と負担の現状と国際比較」，厚生労働省，2014.

[19]「平成25年人口動態統計月報年計（概数）の概況」，厚生労働省，2014.

[20]「統計からみた我が国の高齢者」,「人口推計」，総務省統計局，2014.

[21]「平成25年簡易生命表」，厚生労働省，2014年 "IMF—World Economic Outlook Databases"，2014.

[22]「もっと知ってほしい食品添加物のあれこれ」，日本食品添加物協会，2013.

[23]「人口統計資料集 2013年版」，国際社会保障・人口問題研究所，2013.

[24]「学校外教育活動に関する調査」，ベネッセ教育総合研究所，2013年

[25] 金井利之,「『地域における政党』と『地域政党』」,『自治総研通巻』419号:pp.39-51，2013.

[26]「平成24年版 高齢社会白書」，内閣府，2012.

[27] 待鳥聡史,「日本政治の現状と課題」, NIPPON.COM, 2011.
[28] 川村一義,「日本の政党制の変容と野党第一党の機能」, GEMC journal No.5:pp.80-103, 2011.
[29]「電動ゴミ収集車eパッカーの紹介」, 日本環境衛生施設工業会, 2010.
[30] 鬼頭宏,「日本の歴史19文明としての江戸システム」, 講談社学術文庫, 2010.
[31] 山田昌弘,「少子社会日本―もうひとつの格差のゆくえ」, 岩波書店, 2007.
[32] 西谷啓治,「日本文化について」,「西谷啓治著者集」第19巻, 岩波書店, 1991.
[33] 松岡浩監修,「初級を教える人のための日本語文法ハンドブック」, スリーエーネットワーク, 2000.

中文文献

[1] 金华. 跨文化视域下的日本文化解读[M]. 延吉: 延边大学出版社, 2018.
[2] 金华. 日语语法基础知识与教学研究[M]. 广州: 华南理工大学出版社, 2017.
[3] 日本自民党总务会长二阶俊博将代替谷垣祯一就任干事长[EB/OL]. (2016-08-01) [2020-12-30]. http://japan.people.com.cn/n1/2016/0801/c35469-28601290.html.
[4] 孙敦夫. 跨文化传播视角下的日本学研究[M]. 杭州: 浙江工商大学出版社, 2016.
[5] 林范武, 温晓亮. 日本语言文学与文化研究[M]. 北京: 新华出版社, 2015.
[6] 刘笑非, 段克勤. 日本社会与文化研究[M]. 北京: 中国林业出版社, 2014.
[7] 刘佳萌, 夏毅敏, 王欢. 日自民党最大派系新会长确定被指将沦为"安倍派"[EB/OL]. (2014-12-24) [2020-12-30]. https://world.huanqiu.com/article/9CaKrnJGbP0.
[8] 陈洪宇. 谈日本温泉旅馆与传统文化[J]. 语文学刊, 2014(4): 88, 143.
[9] 霍尔. 日本史[M]. 邓懿, 周一良, 译. 北京: 商务印书馆, 2013.
[10] 米丽萍. 日本演歌的"物哀美"分析[J]. 外国语言文学. 2013(2): 132-138.
[11] 唐向红, 李冰. 日本文化产业的国际竞争力及其前景[J]. 现代日本经济, 2012(4): 47-55.
[12] 程永明. 日本文化产业战略及其实施路径[J]. 日本研究, 2011(4): 1-6.
[13] 成春有, 汪捷. 日本历史文化词典[M]. 南京: 南京大学出版社, 2010.
[14] 徐静波. 日本历史与文化研究[M]. 上海: 复旦大学出版社, 2010.
[15] 吴廷璆. 日本史[M]. 天津: 南开大学出版社, 1994.

附 录

日本时代年表

朝　代	时　期
绳纹时代	公元前14000年—前4世纪
弥生时代	公元前4世纪—3世纪中
古坟时代	3世纪中—7世纪
飞鸟时代	592—710年
奈良时代	710—794年
平安时代	794—1185年
镰仓时代	1185—1333年
建武新政	1333—1336年
室町时代	1336—1573年
南北朝时代	1336—1392年
战国时代	1467（1493）—1573年
安土桃山时代	1573—1603年
江户时代	1603—1868年
幕末	1853—1868年
明治时代	1868—1912年
大正时代	1912—1926年
昭和时代	1926—1989年
联合国军占领时期	1945—1952年
平成时代	1989—2019年
令和时代	2019—现在